AMBROS JOSEF PFIFFIG
EINFÜHRUNG IN DIE ETRUSKOLOGIE

# DIE ARCHÄOLOGIE

Einführungen

WISSENSCHAFTLICHE BUCHGESELLSCHAFT
DARMSTADT

AMBROS JOSEF PFIFFIG

# EINFÜHRUNG
# IN DIE ETRUSKOLOGIE

## PROBLEME, METHODEN, ERGEBNISSE

WISSENSCHAFTLICHE BUCHGESELLSCHAFT
DARMSTADT

Einbandgestaltung: Studio Franz & McBeath, Stuttgart.

1. Auflage 1972
2. Auflage 1984
3. Auflage 1989

Die Deutsche Bibliothek – CIP-Einheitsaufnahme

**Pfiffig, Ambros Josef:**
Einführung in die Etruskologie: Probleme,
Methoden, Ergebnisse / Ambros Josef Pfiffig. –
4., unveränd. Aufl. – Darmstadt: Wiss. Buchges.,
1991
(Die Archäologie)
ISBN 3-534-06068-7

Bestellnummer 06068-7

4., unveränderte Auflage 1991
© 1972 by Wissenschaftliche Buchgesellschaft, Darmstadt
Gedruckt auf säurefreiem und alterungsbeständigem Offsetpapier
Satz: Fotosatz Janß, Pfungstadt
Druck und Einband: Wissenschaftliche Buchgesellschaft, Darmstadt
Printed in Germany
Schrift: Linotype Garamond, 9/11

ISSN 0724-5017
ISBN 3-534-06068-7

# INHALTSVERZEICHNIS

# VORWORT

Als die Wissenschaftliche Buchgesellschaft mich einlud, für die Reihe
›Die Altertumswissenschaft‹ eine Einführung in die Etruskologie zu
schreiben, fragte ich mich, welchen Sinn es habe, neben das nun schon
klassische, auch in einer deutschen Ausgabe existierende Handbuch von
M. Pallottino und die ausgezeichneten Darstellungen von J. Heurgon
und L. Banti — um nur die besten und neuesten zu nennen — ein
weiteres Etruskerbuch, noch dazu von beschränktem Umfang, zu
stellen. Die Zielsetzung dieser Reihe gab die Antwort: Gegenstand und
Methoden dieser Disziplin mit der vielfältigen Problematik der gegen-
wärtigen Forschung sollten umrissen, und bisherige Ergebnisse auf-
gezeigt werden.

Dazu kam noch, daß es bei einem Gebiet, auf dem der Forscher einen
Zweifrontenkrieg zu führen hat — gegen die (auch moderne) Etrus-
komanie auf der einen Seite und gegen das Mißtrauen der Vertreter
der Nachbardisziplinen auf der anderen —, verlocken mußte, einmal
knapp, aber deutlich zu zeigen, was Etruskologie ist und was sie nicht
ist. Und dies gerade nicht für den eigentlichen Spezialisten, dem ja
Umfang und Eigenart der Problemlage bekannt ist, sondern für den
nichtspezialisierten Historiker, Altphilologen, Religionshistoriker, für
den interessierten Laien und vor allem für die Studenten der Altertumswissenschaft. Es galt also, eine Einführung in die Fundamente und
in die Problematik dieser auch kulturgeschichtlich hochinteressanten
Teildisziplin zu geben, nicht eine ins einzelne gehende Darstellung des
gesamten Gebietes. Dafür sei auf die Bücher von Pallottino (77; 78) *,
Heurgon (52), Banti (15) und v. Vacano (118) verwiesen. Wohl aber
sollte bei den einzelnen Themen ein Hinweis auf die wichtigste Fach-
literatur gegeben werden.


* Bei den in runden Klammern stehenden Hinweisen auf die Literatur gibt
die in Grundschrift gesetzte Zahl (bzw. Zahlen) die Nummer in der ›Besonderen Bibliographie‹ an, die kursiv gesetzte aber die Seite des angegebenen
Werkes.

Objektivität ist natürlich eine condicio sine qua non; daß aber ein jeder, der mitten in der Forschung steht, manches — ja vielleicht vieles — auf seine Weise sieht, ist nicht zu vermeiden. Damit hängt auch zusammen, daß manche Fragen und Probleme nur flüchtig berührt werden, andere aber eingehendere Besprechung finden. Auch die Beurteilung der Wichtigkeit eines Problems kann nicht immer und ausschließlich objektiven Kriterien folgen. Manches wieder, wie besonders die Probleme der Kunstgeschichte, könnte ohne Bildmaterial kaum dargelegt, geschweige denn einer Lösung nähergebracht werden. So möge es vom Leser — und vom Kritiker — entschuldigt werden, wenn dieser ›Einführung‹ die formelle Ausgewogenheit etwa gleich langer Abschnitte fehlt, und wenn er in ihr nicht alles das findet, was er vielleicht erwartet.

# I. WAS IST ETRUSKOLOGIE?

Die Etruskologie ist jener Zweig der Altertumswissenschaft, der von den Etruskern, ihrer Volkwerdung und Ausbreitung, ihrer Geschichte und ihrer geistigen und materiellen Kultur handelt.

Die Arbeit der Etruskologen leidet unter einer doppelten Last: unter der irrationalen Liebe mancher ihrer (meist dilettantischen) Verehrer und unter dem durch Dilettantismus und Scharlatanerie verursachten Mißtrauen vieler Vertreter der Nachbardisziplinen. Die einen sehen in ihr zuviel, die anderen zuwenig. Und doch darf die auch heute noch vorkommende Negierung des Existenzrechts als autonome Disziplin nicht mit dem Rückzug in eine "splendid isolation" beantwortet werden. Wie das Etruskertum nur im Zusammenhang mit den Lebensäußerungen des gesamten Mittelmeerraumes verständlich ist, so ist auch die Pflege und Entwicklung der Etruskologie als autonome Disziplin nur im ständigen Kontakt mit den Nachbardisziplinen möglich. Dies um so mehr, als die Etruskologie — wie die Ägyptologie und Assyriologie, im Gegensatz zum griechischen und römischen Kulturkreis — eine integrale Disziplin ist, bei der Geschichte, Philologie und Archäologie usw. (noch) nicht verselbständigt sind. In unserer Zeit der forcierten Spezialisierung muß der Ertruskologe noch immer ein "All-round-Man" auf seinem Gebiet sein, denn er sieht sich ständig vor historische, sprachwissenschaftliche und archäologische Probleme gestellt, die er in ihrer Bedeutung und Tragweite und in ihrem gegenseitigen Zusammenhang verstehen und beurteilen können muß. Als Forscher wird er natürlich in diesem weitgesteckten Rahmen ein spezielles Arbeitsgebiet finden, darf aber dabei nie den Blick aufs Ganze verlieren.

Die Etruskologie ist eine moderne Wissenschaft. Modern in dem Sinne, daß sie erst in neuerer Zeit aus einem Anhängsel der klassischen Philologie oder der klassischen Archäologie zu einer selbständigen Disziplin geworden ist; modern aber auch darin, daß es — aus mancherlei Gründen — heute auch eine Mode geworden ist, sich für die Etrusker zu interessieren.

Die im Grunde genommen unschuldige, romantische „Etruscheria"
der letzten zwei bis drei Jahrhunderte hat in der modernen Etrus-
komanie eine ebenso unerwartete wie gefährliche Fortsetzung gefunden, die doppelt gefährlich ist, wenn sie nicht nur in irrationaler Weise
schwärmt, sondern das „etruskische Rätsel" löst (zum wievielten
Mal?), Pressekonferenzen abhält und die „Ergebnisse" Jahr für Jahr
auf den Buchmarkt wirft, der für Etruskerbücher anscheinend eine un-
begrenzte Aufnahmefähigkeit hat.

Es ist nicht leicht, für diese Schwärmerei einen hinreichenden
rationalen Grund anzugeben. Das „Geheimnisvolle", das „Rätsel-
hafte", das „Mystische" an den Etruskern zieht die einen an, die
(angebliche) „Verruchtheit" und „Grausamkeit" die anderen. Die
Etruskomanen (beider Geschlechter) leben mit ihren Interessen in einer
Scheinwelt, deren Existenz sie als Erfüllung irrationaler, verdrängter
Regungen brauchen. Eine pseudowissenschaftliche, allzu popularisie-
rende Journalistik tut das Ihre dazu, das Bild dieser Scheinwelt in
immer neuen, phantasievollen Farben zu schildern. Diese Liebhaber
suchen das esoterische, mystische Dunkel; ohne dieses wären die
Etrusker für sie uninteressant. Sie wollen im Grunde gar nicht, daß das
„Rätsel" gelöst werde.

Man kann nicht genug betonen, daß die Etrusker kein Rätsel sind.
Wären sie je eines gewesen, dann würde dieses Rätsel schon längst
gelöst worden sein. Sie sind ein wissenschaftliches Problem, oder
besser: ein Komplex von innerlich verknüpften Problemen, eine Aufgabe, die nur in methodischer und geduldiger Kleinarbeit geschafft
werden kann. Dabei ist es ganz nebensächlich, ob und wieweit diese
Aufgabe in dieser oder der nächsten Generation oder überhaupt
jemals völlig gelöst werden wird. Das hängt nicht von uns ab, sondern
von dem Material, über das wir jeweils verfügen. Das aber ist sicher:
Jede ernste und kritische Arbeit ist ein wenn vielleicht auch nur
kleiner Schritt zur Lösung. Nicht aber gilt dies für eine rein gefühls-
mäßige Begeisterung und ein nur von ihr getragenes Dilettantentum.
Damit ist keineswegs der Außenseiter, der ernste, wirkliche Liebhaber
— im Gegensatz zum sozusagen hauptamtlichen Fachvertreter —
ausgeschlossen. Die Entzifferungsgeschichte von Linear B hat vor nicht
so langer Zeit gezeigt, daß die Wissenschaft den ernsten, aber auch von
Schulvorurteilen unbelasteten Liebhaber nicht entbehren kann. Auch
er ist Fachmann, der die Wissenschaft — oft mit einem gewaltigen
Impuls — fördert, legitimiert aber nicht durch die Schule, sondern

durch seinen subjektiven Ernst und den objektiven, kontrollierbaren Wert seiner Arbeit.

Leider sind wir Etruskologen selber nicht ganz ohne Schuld an der pseudomystischen Vernebelung der Etruskerfrage. Mancher Forscher wird durch eine falsch verstandene „Objektivität" dazu verführt, keine Hypothese, ja kein augenscheinliches Ergebnis zu akzeptieren, das nicht (in der heutigen Zeit der „statistischen Wahrscheinlichkeit"!) „mathematisch sicher" ist.

Wir wissen gerade in den historischen und archäologischen Disziplinen, daß eine literarische Entdeckung, ein archäologischer Fund, eine neue, besser fundierte Deutung morgen alles umstoßen kann, was heute noch als „absolut sicher" gilt. Es gibt eben in den Geisteswissenschaften keine mathematische Gewißheit — die heute ja selbst in den Naturwissenschaften in Frage gestellt ist. Das Überspannen der Forderung, das jede Beantwortung einer Frage in suspenso läßt, bestärkt bei den „Liebhabern" den Eindruck, es liege bei den Etruskern eben doch ein unlösbares Rätsel vor.

Eine weitere Schwierigkeit liegt in dem Umstand, daß die Etruskologie als solche eine neue Disziplin ist. Sie ist bisher noch nicht dazugekommen, ihre eigene, vom Primärmaterial her bestimmte Methode systematisch festzulegen, natürlich immer unter der Führung der allgemein geltenden historischen, archäologischen und sprachwissenschaftlichen Methoden. Mehr oder weniger segelt sie noch immer ängstlich im Kielwasser jener Disziplinen, von denen die ersten wissenschaftlichen Etruskologen herkamen, von der klassischen Archäologie, von der alten römischen Geschichte, von der klassischen Philologie und der Indogermanistik. Dabei wird in allen diesen Disziplinen das Etruskische als eine Art von Wechselbalg empfunden, der irgendwie mit der in Frage stehenden Disziplin verbunden ist, im Grunde aber nicht in sie hineingehört.

In welcher Beziehung steht das Etruskische zum Indogermanischen, im besonderen zu den italischen Sprachen?

Ist die etruskische Kunst nur ein peripherer Bezirk der griechischen?

Ist die etruskische Vor- und Frühgeschichte faßbar, und liegt etwas von der Geschichte vor?

Verbirgt sich in der römischen Königsgeschichte (soweit sie echt ist) ein Stück etruskischer Geschichte, oder enthalten die ersten Bücher des Livius, des Dionys von Halikarnaß nur Kombinationen und Fabeleien der augusteischen Zeit?

Hat Vergil die etruskische Frühgeschichte auf Rom übertragen? Wo hört in der Sakral- und Rechtsgeschichte das Etruskische auf, und wo beginnt das Römische (oder umgekehrt!)? Was ist am Etruskertum vororientalisch und vorindoeuropäisch, also „autochthon", und was ist daran orientalisch und was italisch? Jede dieser Fragen hängt mit einer (oder mehreren) der Nachbardisziplinen zusammen und kann auch direkt von dort aus gestellt werden. Dem Irrtum aber, sie könnte auch von dort aus erschöpfend — oder zumindest befriedigend — beantwortet werden, sind eine ganze Reihe von scheinbar perfekten, mit der größten Sicherheit vorgetragenen, einander aber oft völlig widersprechenden „Lösungen" entsprossen. Dem gleichen Irrtum entspringt aber auch die Forderung mancher Disziplinen bzw. mancher ihrer Vertreter, die fast eine condicio sine qua non für die wissenschaftliche Anerkennung der Etruskologie bildet: Diese wird nämlich nur insoweit anerkannt, als sie sich der Forschungsmethode der betreffenden Disziplin bedient. Es ist ganz gleich, ob diese Forderung von Indogermanisten, von klassischen Philologen und Archäologen, von Althistorikern und Rechtshistorikern erhoben wird. Man mißverstehe nicht: Die Grundprinzipien der Methodik der Geisteswissenschaften, im besonderen der historischen Forschung, gelten selbstverständlich auch für die Etruskologie. Es ist aber das Primärmaterial, das dem Etruskologen vorliegt, nicht identisch mit dem der anderen Disziplinen und ist vielfach ganz anders und viel komplexer. Dadurch sind Methoden und Ergebnisse dieser Disziplinen nicht ohne weiteres auf die Etruskologie anwendbar.

Diese Feststellung — Notwendigkeit einer autonomen Schau und unter Umständen teilweiser Verzicht auf den fertigen technischen Apparat der Nachbardisziplinen — zieht für den Etruskologen allerhand Schwierigkeiten nach sich. So verhältnismäßig deutlich umschrieben sein Aufgabengebiet auch ist, so mannigfach und weit ist es auch. Als Vertreter einer komplexen, nicht in selbständige Teilfächer aufgespaltenen Disziplin muß der Etruskologe in einem Historiker, Archäologe, Sprach- und Religionsforscher sein. Er muß sich aber — wegen der mannigfachen Verflechtung der Etrusker mit den Nachbarkulturen — auch in den Nachbardisziplinen gründlich auskennen. So sagt Schachermeyr (100, *87 f.*) mit vollstem Recht: „Die Stellungnahme zur Etruskerfrage wird dadurch erschwert, daß das für die Beweisführung vorliegende Material verschiedenen Disziplinen der

Altertumsforschung angehört. Sie kann beurteilt werden vom Standpunkt des Prähistorikers, des Archäologen, des Historikers, des Sprachforschers und des Orientalisten, sollte aber eigentlich von einer Seite Behandlung finden, welche die gesamten hier angedeuteten Kenntnisse vereinigt, da nur so eine der primitivsten Forderungen der Wissenschaft, die völlige Beherrschung des zur Beurteilung vorliegenden Gesamtmaterials, Genüge findet." Das ist nicht immer einfach und leicht. An der Unkenntnis dieser Forderung und an der Möglichkeit (oder Unmöglichkeit), ihr auch nur irgendwie nachzukommen, scheitern dann auch die verschiedenen Dilettanten mit ihren immer neuen „endgültigen Lösungen" der Etruskerfrage.

Geht aber der ernste Forscher kritisch und bedächtig vor, dann wird er jeder angeblichen Lösung — auch und besonders wenn sie sein „Eigenbau" ist — ein gutes Maß von gesundem Mißtrauen entgegenbringen müssen.

Dies birgt aber — wir haben es bereits angedeutet — wieder zwei Gefahren in sich. Es kann, wenn das rechte Maß nicht gewahrt wird, zu einem gewissen Agnostizismus führen, der sich auf die eigene Arbeit bezieht wie auf die der anderen, oder die Dilettanten finden wieder einmal die Bestätigung, es liege doch ein Rätsel vor, und sie empfinden den Anreiz, „unbeschwert vom Zopf der Schule" dieses Rätsel mit einem erleuchteten Geniestreich zu lösen.

So ist Etruskologie für den ernsten Forscher eine schwierige und undankbare Aufgabe, für viele Vertreter der Nachbardisziplinen fast so etwas wie eine Pseudowissenschaft, für viele Dilettanten ein fesselnder Mythos. Der Etruskologe aber muß neben der Pionierarbeit, die eine junge Disziplin nun einmal verlangt, einen Zweifrontenkrieg führen.

Aus dieser Gesamtlage heraus ist es verständlich, daß es noch wenig Möglichkeit eines geordneten, akademischen Studiums der Etruskologie gibt. Lehrstühle existieren zur Zeit nur in Rom und Florenz, Dozenturen in Bologna, Urbino, Paris, Brüssel, Löwen und Perugia. Keinerlei Möglichkeit haben wir im ganzen deutschen Sprachgebiet. Herbig in München war seinerzeit der erste und letzte, der Etruskologie gelesen hat. Dabei haben gerade deutsche und österreichische Gelehrte seit der Mitte des vorigen Jahrhunderts das Fundament der wissenschaftlichen Etruskologie gelegt. Ohne alle verdienten Namen zu nennen, sei hier nur auf Müller und Deecke, Pauli und G. Herbig, Runes und Leifer und den 1963 in patriarchalischem Alter verschiedenen E. Vetter hingewiesen. Zu dieser ersten Pioniergruppe gehören auch die Skandinavier Torp, Danielsson und Cortsen, denen unsere Disziplin Bleibendes verdankt.

Seitdem ist die Forschung mehr und mehr an die Romanen übergegangen, deren Führer in Rom der vielseitige M. Pallottino ist. In der Toskana selbst arbeiten G. Devoto, der Fachmann in allen Italikerfragen, und Luisa Banti, Prof. emer. der Etruskologie in Florenz, A. Neppi Modona, Ordinarius für Archäologie in Genua, in Perugia F. Magi und der Verfasser dieser ›Einführung‹; in Frankreich J. Heurgon und R. Bloch, in Belgien Fr. de Ruyt, R. Lambrechts und M. Renard; in Deutschland W. Liedtke, H. Rix, O.-W. v. Vacano und C. de Simone.

Über die Forschungsgeschichte des Etruskischen informieren am besten E. Fiesel (35) und M. Pallottino (77, *183 ff.*).

## II. DIE BESONDEREN „RÄTSEL"
## DER ETRUSKOLOGIE

Wenn ein Etruskologe in einer Gesellschaft auftaucht und als solcher bekannt wird, dann werden ihm — gleichgültig, ob es sich um Wissenschaftler oder um Laien handelt — sehr bald zwei Fragen zur Beantwortung vorgelegt:

„Woher sind die Etrusker gekommen?" und
„Wird das Etruskische je entziffert werden?"

Ich pflege diese Fragen so zu beantworten: „Ich muß Sie enttäuschen — die Etrusker sind von nirgends hergekommen, und am Etruskischen ist nichts zu entziffern." Zuerst ungläubiges Staunen, dann bei dem einen oder anderen die Replik: „So sind also die Etrusker wirklich autochthon?" (hier offenbart sich der etwas Eingeweihte) und „So bleibt also diese Sprache unentzifferbar?" (hier verrät sich der „Liebhaber"). Damit ist die Diskussion in Gang gekommen, und damit bietet sich dem Etruskologen die nicht unerwünschte Gelegenheit, Irrtümer und Mißverständnisse aufzuklären.

Die „Etrusker" sind tatsächlich von nirgends hergekommen — womit aber wieder nicht gesagt ist, daß sie autochthon, also „Ureinwohner" der Toskana sind. Es sind ja auch nicht z. B. die Franzosen „von irgendwo" hergekommen oder in Frankreich autochthon im Sinne einer Urbevölkerung. Dasselbe könnte man von den Amerikanern und manchem anderen Volk sagen.

Die ganze Fragestellung ist so falsch wie alt sie auch ist. Methodisch falsch war schon die Behandlung der Frage durch Dionys von Halikarnaß, den attizistischen Rhetor (nicht Historiker!) zur Zeit des Augustus. Was er vom etruskischen Volk sagt, stimmt: Es ist von jedem anderen Volk Italiens nach Sprache und Lebensart verschieden (oute homóglōsson oute homodíaiton, I 30). Daraus folgt aber keineswegs eine Autochthonie, da eine solche Qualifikation auch auf eine fremdartige, von fernher gekommene Eroberer- oder Immigrantengruppe passen könnte. Wir dürfen als „Etrusker" nur jenes Volk — besser noch: jenes Konglomerat von Polisvölkern — verstehen, das in historischer Zeit (etwa seit dem 10. Jahrhundert v. Chr.) auf dem historischen

Boden der Toskana zu einer *kulturellen Einheit* aus verschiedenen Elementen zusammengewachsen ist. Diese sind: a) autochthone „Mediterrane", im wesentlichen Ackerbauern, die natürlich vorindoeuropäisch sind. Sie sind die Träger der bronzezeitlichen „Apenninen-Kultur" („Belverde-Cetona-Kultur"); b) im Verlauf des 2. Jahrtausend v. Chr. eingesickerte, seit der Jahrtausendwende in stärkeren Gruppen eingewanderte Indoeuropäer, deren jüngste die italischen Umbrer sind. Als Superstrat bringen sie mit dem bestehenden Substrat die Kulturen des „Protovillanova" und des „Villanova" hervor; c) eine zahlenmäßig wahrscheinlich gar nicht starke Gruppe von „Tyrrhenern", die aus dem kleinasiatisch-ägäischen Bereich kommen (wobei nicht ausgeschlossen ist, daß die Urheimat ihres ethnischen Kerns noch weiter im Osten lag; gewisse Aspekte ihrer Sprache lassen daran zweifeln, daß sie einem in sich homogenen Volk angehörten). Sie sind die Träger einer hochentwickelten Stadtkultur, deren Wurzeln in der vorindoeuropäischen Hochkultur des 2. Jahrtausends v. Chr. im Vorderen Orient liegen.

Die zuerst erwähnten mobileren und robusteren Einwanderer einer mehr kriegerischen Kultur schwangen sich — wie überall, wo sie im 2. Jahrtausend auftraten — zur Herrenschicht auf und „indogermanisierten" die einheimische Bauernbevölkerung. Hier bieten sich als treffender Vergleich die Verhältnisse bei den Hethitern an.

Die aus dieser Durchdringung resultierende primitive Kultur erlag aber schon etwa seit dem 9./8. Jahrhundert mehr und mehr der höheren, reicheren und mit mehr Strahlkraft erfüllten Kultur der tyrrhenischen Kolonisatoren. Diese hatten in Italien ihre frühesten Zentren an der Küste des Tyrrhenischen Meeres, das sie mit ihren Schiffen und Handelsplätzen beherrschten, von der Tibermündung hinauf bis nach Populonia. Von diesen Stützpunkten aus drangen sie immer mehr in das Binnenland ein (ganz besonders nach dem Sturz ihrer Seeherrschaft 474 v. Chr.), bis sie — jetzt von Chiusi, dem Gebiet um Siena und Volterra aus — im 5. Jahrhundert die Apenninen- und Tibergrenze erreicht hatten, und die umbrischen Hügelfestungen Perugia, Cortona und Arezzo der etruskischen Kultur unterworfen waren.

Diese knappe Darlegung macht begreiflich, warum keine der drei „Herkunftshypothesen" — die *orientalistische* (Herodot und Hellanikos), die *autochthonistische* (Dionys von Halikarnaß) und die *italizistische* der Neuzeit (begründet von Frèret) — sich allgemein durchsetzen konnte. Sie sind eben alle drei gleich richtig und gleich falsch, weil jede von ihnen nur eine der Hauptkomponenten trifft, nicht aber das Ganze. Es hätte schon längst zu denken geben müssen, daß jede der drei Hypothesen bestimmte Teilfragen treffend und eindeutig beantworten konnte, aber einen Rest offenließ, der jedem Erklärungsversuch trotzte. Diesen resistenten Rest konnte aber wieder die eine oder die andere der beiden übrigen Hypothesen klären. Die Gültigkeitsbreite der drei Hypothesen im Bereich des Ganzen ist aber nicht gleich. Kulturell gesehen haben die Tyrrhener in der Koaleszenz der Elemente das überwiegende Gewicht vor den Italikern und den Autochthonen. Biologisch, das heißt, was den materiellen Anteil an der Volkssubstanz betrifft, dürfte es sich gerade umgekehrt verhalten. Die Masse des etruskischen Volkes bestand aus Italikern und mit ihnen verschmolzenen indogermanisierten Altmediterranen (Autochthonen). Das Problem heißt also nicht „Herkunft der Etrusker", sondern „Volkwerdung der Etrusker".

Das entsprechende Gegenstück zur Frage nach dem „rätselhaften Auftauchen der Etrusker aus dem Dunkel der Vorgeschichte" ist jene nach dem „geheimnisvollen Verschwinden im vollen Licht der Geschichte", dazu alles Reden und Schreiben (einmal erfunden und dann immer wieder nachgesprochen und abgeschrieben) von der „vollständigen Unterwerfung" der Etrusker durch die Römer und von ihrer „Ausrottung", besonders durch den „Etruskerschlächter" Sulla. Auf diese zähen Irrtümer werden wir im Abschnitt über ›Etruskologie und Geschichte‹ zurückkommen.

Die zweite Kapitalfrage ist die nach der „Entzifferung" des Etruskischen. Es wird immer wieder Entzifferung der Schrift — etwas anderes gibt es nach exakter wissenschaftlicher Terminologie nicht — und Verständnis der Sprache durcheinandergebracht. Ich sage bewußt „Verständnis" und nicht „Deutung", um ja den Schein des Geheimnisvollen, Rätselhaften und Subjektiven auszuschließen. Wir können nämlich fast alles, was uns an etruskischem Sprachmaterial vorliegt, mehr oder minder verstehen, vieles sogar im strikten Sinn übersetzen.

Entziffert werden Schriften, das heißt, es wird der Sinngehalt unbekannter Zeichen aufgespürt. Wer noch vom Gymnasium her das griechische Alphabet (genauer: seine Großbuchstaben) kennt, der kann in wenigen Minuten dazu gebracht werden, alle (leserlich geschriebenen) etruskischen Texte zu *lesen*. Das von den Etruskern gebrauchte Alphabet ist nichts anderes als ein altertümliches griechisches Alphabet, das linksläufig geschrieben wird. Es gehört zu den „roten" Alphabeten nach der Einteilung von Kirchhoff. Gegen die vorherrschende Annahme, es sei von der chalkidischen Kolonie Kyme (Cumae) übernommen worden — Kirchhoff, Mommsen, Minto, Pareti, Pallottino, Guarducci, de Simone —, lassen sich schwerwiegende Einwände vorbringen — Grenier, Ducati, Nogara, Neppi Modona, Bloch, Weidmüller (126 a), Radke (95 a) —, die in ihrer Gesamtheit, wie mir scheint, kaum zu entkräften sind. Natürlich ist auch nicht ausgeschlossen, daß dieses so altertümliche Alphabet im Verlauf des 8. Jahrhunderts von einer tyrrhenischen Gruppe selbständig aus der östlichen Ägäis mitgebracht wurde. Manches würde dafür sprechen, zum Beispiel, daß in seiner typologisch ältesten Bezeugung, auf dem Täfelchen von Marsiliana, noch jene aus dem Phönikischen stammenden Sibilanten vorhanden sind, die in den ältesten griechischen Alphabeten bereits fehlen. An eine direkte Übernahme aus dem Phönikischen ist jedoch nicht zu denken, weil der Prototyp von Marsiliana bereits die Differenzierung von *v* und *u* und die griechischen Sonderzeichen für *ks* (im Etruskischen ein Sibilant), *ph* und *kh* enthält (siehe die Schrifttafel, S. 91!).

Daß das Etruskische *lesbar* ist, weiß man schon seit ein paar Jahrhunderten (Annio von Viterbo, 1437—1502, las die Inschriften schon recht gut); und doch sprechen bis heute selbst Personen mit mittlerer und höherer Bildung von einer „Entzifferung" des Etruskischen!

Wenn man in einem Kreis von Nichtfachkollegen erklärt, man könne alle etruskischen Texte lesen, dann begegnet man nicht selten Blicken, deren Bedeutung von „Angeber" bis „Narr" reicht. Die Menge wehrt sich eben gegen eine Zerstörung des Mythos und erschauert lieber in Ehrfurcht vor dem eingebildeten Geheimnis.

## III. ETRUSKOLOGIE UND SPRACHFORSCHUNG

Es ist nicht möglich, hier die ganze Geschichte des Eindringens in diese Sprache zu erzählen und die Irrwege zu rekapitulieren, die dabei bisweilen gegangen wurden. Was hier interessiert, ist die Wirklichkeit und die sich abzeichnenden Möglichkeiten in der Erforschung des Etruskischen, das uns zwar immer noch schwere Probleme aufgibt, aber längst kein Rätsel mehr ist.

Der jüngst verstorbene Nestor der deutschen Etruskologen K. Olzscha schrieb im Etruskerheft der Zeitschrift ›Historia‹ in seinem Beitrag über Schrift und Sprache: „... wenn man die Ergebnisse vergleicht, die bei der Wiedergewinnung anderer in Vergessenheit geratener Sprachen der Frühzeit erzielt wurden, muß man feststellen, daß wir im Etruskischen noch am weitesten zurück sind" (71, *34*). Als Grund dafür wird die Spärlichkeit und Bruchstückhaftigkeit des überlieferten Materials angegeben, ferner die Eigenart und Verwandtschaftslosigkeit der Sprache. Heute sei das dringendste Problem, die Schätze zu heben, die in dem Berg der Literatur begraben liegen und vielleicht die richtige Lösung vieler Probleme enthalten.

Den Gründen, die Olzscha für die relative Rückständigkeit der etruskischen Sprachforschung angibt, muß noch einiges hinzugefügt werden: unzureichende Methoden und ein zähes Weiterschleppen aprioristischer, unbewiesener und unbeweisbarer Anschauungen, die wie ein Bleischuh die Forschung hemmen. Bevor wir einiges über die angewendeten Methoden ausführen, seien ein paar Worte über das *Material* vorausgeschickt, das uns zur Verfügung steht.

Wir besitzen einen einzigen literarischen Text mit etwa 1300 Wörtern, die sogenannten *Agramer Mumienbinden* (56; 70; 74; 75; 81; 98; 125). Diese haben weder mit der Mumie, an der sie gefunden wurden, noch mit dem ägyptischen Totenkult überhaupt etwas zu tun. Die Binden sind die Bestandteile eines in waagrechte Streifen zerrissenen *Liber linteus*, des Rituals eines etruskischen Tempels. Wie diese nach Ägypten gekommen sind, ist ungeklärt. Alles andere ist epigraphisches Material. An dessen Spitze stehen die *Tontafel von Capua* (TLE² 2) und der *Cippus Perusinus* (79), erstere ein Opferverzeichnis, letzterer ein Schiedsspruch zwischen den Familien *Velthina* und *Afuna*. Auf die „mittleren" Texte, die zwischen 20 und 100 Wörtern enthalten (Blei von Heba/Magliano, Bronzeleber von Piacenza, Grabinschrift von S. Manno, die neuen Inschriften von Pyrgi (84) und S. Marinella (89)) folgen etwa 10 000 kürzere, meist nur die Namenformel und einige kurze Angaben enthaltende Grabinschriften, Besitzerinschriften und Beschriftungen von Votivgegenständen. Die längsten Texte sind durchweg liturgischer Art, die Masse ist funerär. Dies ist die Hauptschwierigkeit, die sich uns entgegenstellt. Wir haben keine ergiebigen Profantexte. Aus der Natur der überlieferten Texte folgt eine dauernde doppelte Beschränkung: wir besitzen im großen und ganzen nur Teile des *sakralen* und *funerären Vokabulars* und kennen von den Verbalformen nur solche wie „opfere", „er opfert", „ist zu opfern", „stiftete", „gab", „gestorben", „liegt hier", „er/sie war". Formen, die einem „du würdest gesehen haben", „ihr werdet haben" oder „wir entgegneten" entsprechen, besitzen wir augenscheinlich nicht. Uns fehlen eben historische, beschreibende, dialogisierende und poetische Texte, vor allem aus den Profangebieten des menschlichen Lebens.

Mehrsprachige Texte nach Art des Steines von Rosette, der Achämenideninschriften oder der lydisch-aramäischen Bilingue sind bis jetzt nicht gefunden worden. Es gibt zwar einige kurze Bilinguen und einige Glossen; sie sind aber alle ziemlich unergiebig. Eine gewisse Ausnahme machen die 1964 im Tempelbezirk von Pyrgi (S. Severa) gefundenen Goldbleche, das eine mit einem punischen Text von 41 Wörtern, das andere mit etwa gleich langem etruskischem Text, das dritte mit einem etruskischen Text von 16 Wörtern. Die beiden längeren Texte berichten im wesentlichen über dasselbe historische Faktum, die Dedikation eines Sacellums für Astarte im Tempel der etruskischen Göttin Uni durch *Thefarie Velianas*, den Gebieter von Caere. Da keiner der beiden Texte die genaue Übersetzung des anderen ist, muß der Komplex als „Quasi-Bilingue" bezeichnet werden (84).

Zu den Schwierigkeiten, die aus der inhaltlichen Einseitigkeit des Materials erwachsen, gesellt sich die der *Überlieferung des Textes*. Wenn oben gesagt wurde, daß wir heute alle etruskischen Texte lesen können, dann besagt dies leider nicht, daß bisher auch alle richtig gelesen worden sind. Eine im Herbst 1959 von E. Vetter und einigen Mitarbeitern vorgenommene Revision des CIE (ein Verzeichnis der wichtigsten Quellensammlungen findet sich vor der ›Allgemeinen

Bibliographie‹), in dem bis jetzt etwa drei Viertel des Materials publiziert sind, zeigte, daß von den rund 5000 Inschriften des 1. Bandes etwa 20 % unrichtig gelesen wurden. Diese Fehler tauchen fast zur Gänze wieder in den Publikationen auf, die aus dem CIE ohne die Absicht oder die Möglichkeit einer Nachprüfung der dort gebotenen Lesung schöpfen. So konnte es dann zu scharfsinnigen linguistischen und philologischen Arbeiten über Wörter und Formen kommen, die gar nicht existieren.

Es ist gerade in den letzten Jahren wieder mehr zur Gewißheit geworden, daß am Anfang der etruskischen Sprachforschung vorläufig noch immer die *Epigraphik* stehen muß (21). Die (heute verständlichen und verzeihlichen) Fehler in den Lesungen des CIE und der älteren Sammlungen (Fabretti, Gamurrini, Vermiglioli u. a.) beruhen auf mangelhaften Kenntnissen in der Epigraphik, in der erst in den letzten Jahrzehnten sehr viele Sach- und Formprobleme gelöst wurden. Genannt seien hier nur Eva Fiesels Feststellung der Bedeutung eines seltenen Buchstabens und E. Vetters Deutung der Punktierung in archaischen Texten — für ihn ein monumentum aere perennius.

Solange nicht restlos gesicherte Lesungen publiziert sind und nur solche verwendet werden, ist es gefährlich, eine sprachwissenschaftliche Untersuchung der Texte anzustellen. Das wird von manchen Forschern übersehen oder mit Unglauben (bezüglich der Unzuverlässigkeit gewisser Publikationen) aufgenommen. Gerade letzteres ist leicht zu verstehen; auch uns hat es geschockt, als wir beim Revidieren nach Autopsien und guten Lichtbildern einen Fehler nach dem anderen erkannten.

Erschwert wird die sprachliche Forschung weiterhin durch den Umstand, daß das CIE noch immer nicht abgeschlossen ist und daß es keinen Index der seit Jahren veröffentlichten Texte gibt. Ein solcher liegt wenigstens für die Agramer Mumienbinden (98) und für die Tontafel von Capua (108) vor. Die zusätzliche Notwendigkeit eines Konträrindex braucht nicht besonders betont zu werden. Leider entspricht das CIEW (siehe Quellenverzeichnis!) in keiner Weise den Anforderungen, die gestellt werden müssen.

Ebenso nötig wäre für die praktische Arbeit eine Editio minor des CIE in handlicher Form, die aber nicht nur das Material des großen Corpus, sondern auch alles bis heute verstreut publizierte Material in gesicherte Translitteration und mit knappsten Angaben bietet, etwa in der Art der ›Kleinasiatischen Sprachdenkmäler‹ von J. Friedrich.

Beides, Indices und Editio minor, wäre für einen aufgeschlossenen Verleger absolut kein Risiko.

Für viele Laien ist die etruskische Sprache das Mysterium par excellence, für den ernsten Forscher eines der Hauptprobleme der ganzen Etruskologie. Hier tobt sich denn auch, wie Pallottino in der Einleitung seiner ›Elementi‹ (76, 5) sagte, die Flut dilettantischer Versuche auf der einen Seite, und — als Gegengewicht? — der obstinate Skeptizismus jener aus, die das Etruskische als einen in Mißkredit geratenen Turnierplatz von Besessenen oder als eine humoristische Abteilung der Linguistik betrachten. Die subjektive Unsicherheit reicht bis in die Reihen der Etruskologen selbst. Neben ernst sein wollenden Forschern, die von allen Texten eine vollständige Übersetzung vorlegen (kollegiale Höflichkeit verbietet mir, Namen zu nennen), stehen wirklich ernste Forscher, die ein diskutables Ergebnis einem größeren Kreis nur in der allerhypothetischsten Form vorzulegen wagen, um ja nicht mit den frisch-fröhlich übersetzenden Dilettanten verwechselt zu werden. Und wagt es ein Forscher, ein probables Ergebnis oder gar eine vernünftige Arbeitshypothese in etwas bestimmterer Form vorzulegen, dann wird er sicher von einem der allzu Vorsichtigen in den eigenen Reihen zur Ordnung gerufen. Dies dann natürlich zur hämischen Schadenfreude der Gegner der Etruskologie.

Die Frage, ob das Etruskische „gedeutet", „entschleiert", „verstanden" sei, ist überhaupt unrichtig gestellt. Gefragt kann nur werden, *wie weit* es heute im konkreten Fall schon gedeutet sei. Wir verstehen im großen und ganzen den allgemeinen Sinn fast aller Texte. Nicht gar so wenige bieten überhaupt keine Probleme mehr — eine Tatsache, die dem großen Publikum völlig unbekannt ist. Daß aber im einzelnen gerade bei den großen Texten noch zahlreiche Dunkelheiten bestehen, ergibt sich aus der einfachen Tatsache, daß in ihnen eine Menge von nur einmal belegten Wörtern *(hápax legómena)* vorkommt. Hier schmälert natürlich jedes unbekannte und undeutbare Wort die Durchsichtigkeit und das Verständnis des Textes.

Die *Sprachvergleichung* — mit anderen Worten: die *etymologische Methode* — hat bisher wenig geholfen und ist wegen der so oft blamablen Mißerfolge quasi offiziell verpönt — es sei denn, daß es sich um offensichtliche Lehnwörter im Etruskischen handle (104). Alles mögliche hat man versucht; man glaubte das Etruskische verwandt mit den italischen Dialekten (Lanzi, Corssen, Lattes), mit dem Griechischen

(Coli, Charsekin), mit dem Baskischen und dem Kaukasischen (Thomsen), mit dem Armenischen (Bugge), mit dem Finnisch-Ugrischen (Martha), ja mit dem Drawidischen (Konow); zuletzt kam noch das Hethitische und das Albanische dran (Georgiev, Mayani). Kein Vergleich des Etruskischen mit einer bekannten Sprache, sie sei indoeuropäisch oder nicht, hielt bisher der Kritik stand, und so ist die etymologische Methode bis auf weiteres in Mißkredit geraten.

Bis vor einigen Jahren galt nur die *kombinatorische Methode* als legitim, die Methode, das Etruskische, aus sich selbst heraus, aus dem vielseitigen Vergleich der Texte selbst, zu deuten. Torp (s. Allgem. Bibliographie) wendete diese Methode in strenger Form an und gewann manchen bleibenden Erfolg. Eine Reihe illustrer Forscher, wie Deecke (s. Allgem. Bibliographie), Goldmann (39; 40), Cortsen (27; 28), Slotty (108) und Vetter (120—125) verfeinerten die Methode immer mehr. Heute gilt aber — leider schon in zu apodiktischer Form — das, was Pallottino in dem Aufsatz gelegentlich der Ausstellung ›Kunst und Leben der Etrusker‹ (57, 29) schrieb: Die kombinatorische Methode „hat zu beachtlichen Resultaten geführt, die aber im allgemeinen unsicher und ungenau sind".

Das Modernste ist nun die *bilinguistische Methode* — es wäre korrekter, sie als quasi-bilinguistische Methode zu bezeichnen —, die Olzscha (70) inauguriert hat. Pallottino und andere Forscher haben sie in den letzten Jahrzehnten in Verbindung mit der reinen kombinatorischen Methode mit Geschick und Erfolg angewendet. Sie besteht darin, daß für die Interpretation etruskischer Texte der Vergleich mit Formeln und typischen Ausdrücken in lateinischen, umbrischen, oskischen und griechischen Texten herangezogen wird, und dies auf der Basis der These, daß in einem gleichartigen Kulturkreis gleiche Sachverhalte in gleicher Weise ausgedrückt zu werden pflegen. Allerdings ist eine so verallgemeinernde und dogmatische Formulierung, wie sie Olzscha selbst gibt (71, 47) — „Nur was sich aus umbrischen, römischen oder oskischen Parallelen belegen läßt, hat Anspruch auf Glaubwürdigkeit" —, schlechthin unannehmbar.

Im Prinzip ist auch der völlige Ausschluß der etymologischen Methode nicht richtig. Die Lehre von der absoluten Verwandtschaftslosigkeit des Etruskischen ist ein falsches, willkürliches Dogma, das Mangel an historischem Denken verrät. Man kann andererseits aber auch die Feststellung Trombettis „non esistono lingue isolate" in bezug auf das Etruskische nicht unbesehen annehmen. Hier muß man sich darüber klar werden, in welchem Sinn diese Sprache „isoliert" oder „nicht isoliert" ist. Daß das Etruskische eine Sprache sei, die von Anfang an und immer isoliert, also ohne jede Beziehung zu anderen Sprachen war, ist ein unbewiesener und unbeweisbarer Mythos, und in diesem Sinne hat Trombetti zweifellos recht. Etwas ganz anderes aber ist die Tatsache, daß das Etruskische in Hinsicht auf die bekannten Altsprachen und mehr noch auf die heute lebenden Sprachen isoliert erscheint. In diesem Sinne muß jener Ausspruch abgelehnt werden.

Wir treten seit längerer Zeit, besonders aber seit der Krise nach den Funden von 1964 und den folgenden Jahren, für eine erneuerte, weiter ausgebaute kombinatorische Methode ein, die als komplexe, den Gegebenheiten der Etruskologie angepaßte *philologische Methode* zu verstehen ist. Über sie soll im nächsten Abschnitt eingehend gesprochen werden. Wir wollen hier nur noch folgende kritische Grundsätze für die etruskische Sprachforschung anschließen:

Jede Lösung eines sprachlichen Problems, die ohne Rücksicht auf die bisherigen Teilergebnisse und mit ihrer betonten Unkenntnis vorgelegt wird, ist a priori verdächtig, ganz gleich, ob sie von einem dilettantischen Außenseiter oder einem „Zunftgenossen" stammt.

Das gleiche gilt für jede vorgebliche Lösung, bei welcher der Mangel einer umfassenden Kenntnis des Materials in die Augen springt.

Ebenso verdächtig ist jede Arbeit, die auf der Grundlage veralteter, nicht verbesserter Textausgaben oder unsicherer Lesungen durchgeführt wird.

Ein Problem, das in der etruskischen Sprachforschung neben der Sinndeutung der Sprachelemente einhergeht, ist die Frage nach der Klassifikation, der *sprachlichen Einordnung* des Etruskischen. Der eine stellt sie aus Interesse an der Systematik, der andere in der (nicht immer eingestandenen) stillen Hoffnung, doch einen Schlüssel zur Verständlichmachung dieser Sprache zu finden. Es ist besonders der letzte Grund, der immer wieder in der Frage „Indoeuropäisch oder Nichtindoeuropäisch?" kulminiert; allerdings erwecken auch die stets aufs neue wiederholten Versuche der „Systematiker" bisweilen den Eindruck, es ginge letztlich darum, um jeden Preis die Familie der indoeuropäischen Sprachen um ein Mitglied zu vermehren. Es sei darum hier eine kurze Übersicht der Klassifikationsversuche angeschlossen (35).

Die Anfänge der Forschungsgeschichte des Etruskischen reichen mit dem Dominikaner Annio von Viterbo und Pier Francesco Giambulari bis ins 16. Jahrhundert zurück. Damals versuchte man, das Etruskische mit dem Hebräischen zu verbinden. Der Abate L. Lanzi (›Saggio di lingua etrusca‹, 1789), dem A. Fabretti, W. Corssen und E. Lattes folgten, stellte die Hypothese der etrusco-italischen Verwandtschaft auf. Corssens ›Die Sprache der Etrusker‹ (I/II, 1874—75) gipfelte in dem Beweis, das Etruskische gehöre zu den indogermanischen Sprachen. Noch war aber nicht der zweite Band von Corssens Arbeit erschienen, als schon W. Deecke 1875 in einer kurzen Abhandlung ›Corssen und die Sprache der Etrusker. Eine Kritik‹ die These Corssens widerlegte. Deecke selbst dachte zuerst an eine Verwandtschaft mit den finnisch-ugrischen Sprachen, dann aber hielt er es für völlig isoliert. Im Jahre 1882 nahm er jedoch in ›Etruskische Forschungen und Studien‹, III Corssens These selber auf und verteidigte sie in verschiedenen Abhandlungen. Schließlich gestand er 1896, daß es im Etruskischen „ein starkes, fremdartiges Element" gäbe, „stärker ... als in anderen italischen Dialekten" (Bursians Jahrb. 87, 59 f.).

E. Lattes hatte schon 1869 das Etruskische als italischen Dialekt bezeichnet (›Osservazioni sopra alcune iscrizioni etrusche‹, Mem. Ist. Lomb. 1869); in mehreren Publikationen vertrat er bis 1921 die indogermanische, speziell italische These, wiewohl diese seit den bedeutenden Funden der Agramer Mumienbinden und der Tontafel von Capua schon stark an Beachtung verloren hatte (vgl. F. Skutsch, Bursians Jahrb. 124, 1905, 320 f.).

Seit 1875 vertrat S. Bugge die indogermanische These, die er 1886 unter dem Einfluß von V. Thomsen näher als Verwandtschaft zwischen Etruskisch und Armenisch auffaßte; 1890 versuchte er, das Etruskische als einen stark abweichenden altarmenischen Dialekt zu bestimmen (›Etruskisch und Armenisch‹, Christiania 1890), und erklärte in dem nachgelassenen Werk von 1909 ›Das Verhältnis der Etrusker zu den Indogermanen und der vorgriechischen Bevölkerung Kleinasiens und Griechenlands‹ das Etruskische als eine indogermanische Sprache, die durch den Einfluß vorderasiatischer, nichtindogermanischer Sprachen gestört und in eine fremdartige Entwicklung gedrängt worden sei; das indogermanische Element im Etruskischen sei mit dem Armenischen näher verwandt als mit irgendeiner anderen indogermanischen Sprache.

Diese erste indogermanistische Phase der Forschungsgeschichte wurde 1907 durch F. Skutsch mit dem Artikel ›Etruskische Sprache‹ in RE VII radikal abgestoppt (dieser Artikel erschien auch in der italienischen Übersetzung von G. Pontrandolfi) (106).

Mit P. Kretschmers Hypothese von der „protindogermanischen Schicht" (Glotta 14, 1925, 300 ff.), die seine kleinasiatisch-ägäische Theorie ablöste, beginnt die zweite Phase der Versuche, das Etruskische doch auf die eine oder andere Weise unter das Indogermanische zu subsumieren. Noch 1923 hatte Kretschmer den indogermanischen Charakter des Etruskischen geleugnet; nun war es für ihn eine „indogermanoide" Sprache.

A. Trombetti, der seit 1909 eine Verwandtschaft des Etruskischen sowohl mit dem Indogermanischen als auch mit dem Kaukasischen verkündet hatte (›Sulla parentela della lingua etrusca‹, Mem. Acc. Scienze di Bologna 1909, 167 ff.), wobei er jene mit dem Kaukasischen als näher ansah, modifizierte 1928 seine Ansicht, indem er nun eine nähere Verwandtschaft mit dem Indogermanischen annahm (›La lingua etrusca e le lingue preindoeuropee del mediterraneo‹, SE 1, 1927, 213 ff.). G. Buonamici, der anfangs die These Trombettis von der etruskisch-kaukasischen Sprachverwandtschaft vertreten hatte, wandte sich 1920 der indogermanistischen These zu (›Dubbi e problemi sulla natura e parentela dell'Etrusco‹, SE 1, 1927, 239 ff.). Fr. Ribezzo erweist sich in gewissem Sinn als Außenseiter. Er wies das Etruskische einem alten, vorindogermanischen „tyrrhenisch-sikanischen" Substrat zu (›La originaria unità tirrena dell'Italia nella toponomastica‹, RIGI 4, 1920, 83 ff.). E. Goldmann vertrat in ›Beiträge zur Lehre vom indogermanischen Charakter der etruskischen Sprache‹ (I/II, 1929—30) und ›Neue Beiträge . . .‹ (1936) die Meinung, daß das Etruskische nach seinem Lexikon vorwiegend indogermanisch sei. E. Vetter, ursprünglich ein Anhänger und Vertreter der protindogermanischen These Kretschmers, setzte sich in dem Werk ›Etruskische Wortdeutungen‹, I (1937) für die indogermanistische These ein und erklärte — gegen Ribezzo — in Glotta 29, 1942, 209 f. ganz entschieden: „Die Gleichsetzung des Etruskischen mit den vorindogermanischen Sprachen Italiens . . . ist schon deswegen unberechtigt, weil das Etruskische im Aufbau völlig indogermanisch ist." In den letzten Jahren vor seinem Tod (1963) wandte er sich aber von der indogermanistischen These ab und vertrat eine Verwandtschaft des Etruskischen mit kleinasiatischen Sprachen, besonders mit dem nichtindogermanischen Anteil des Lydischen, Lykischen und Hethitischen.

Neben diesen Versuchen, das Etruskische als eine indoeuropäische Sprache zu erweisen, liefen andere — wie jener Ribezzos —, die es mit nichtindoeuropäischen Sprachen in Verbindung bringen wollten. So trat

V. Thomsen für Verwandtschaft mit dem Kaukasischen und Baskischen, S. Konow für Verbindung mit dem Drawidischen, V. Wanscher mit dem Ägyptischen ein. Eine besondere Erwähnung sei der These von J. Martha (›La langue étrusque‹, 1913) getan. Ausgehend von der Beobachtung Deeckes (›Etruskische Forschungen‹, I, 82 f.), daß eine starke Analogie in der Funktion zwischen dem etruskischen Suffix -*l* und dem gleichen im Finnischen bestünde, versuchte Martha, das Etruskische von den finnisch-ugrischen Sprachen abzuleiten. Er glaubte auf diesem Weg die Wortbedeutungen gewinnen, einen großen Teil der etruskischen Grammatik festlegen zu können und zu einer methodischen Übersetzung der Texte zu kommen. Der Versuch mußte fehlschlagen, weil er auf einem oberflächlichen, kritiklosen Vergleichen von ähnlich klingenden Wörtern und auf einem mechanischen Aufsplittern der Formen beruhte. Es war dies derselbe große Fehler, den vor kurzem Z. Mayani in seiner Verknüpfung des Etruskischen mit dem Albanischen beging. Von einer methodischen Übersetzung der Texte kann bei diesen Versuchen überhaupt keine Rede sein. Man lese nur Marthas Übersetzung der Inschrift des *Cippus Perusinus* (a. a. O. 253 ff.)! Man fragt sich da immer wieder, wie es nur möglich ist, eine Übersetzung für richtig zu halten, deren Ergebnis lächerlicher, kindischer Unsinn ist (der allerdings mit dem größten Ernst und einer direkt fanatischen Überzeugung vorgebracht wird). Dies gilt nicht nur für Marthas nur noch selten erwähnten Versuch, sondern auch für gewisse „Übersetzungen" der Agramer Mumienbinden und der Tontafel von Capua in den letzten Jahrzehnten, von den horrenden und phantastischen „Übersetzungen" ganz einfacher Grabinschriften überhaupt zu schweigen. Es sind gerade dies jene Leistungen, welche bewirkt haben, daß die etruskischen Sprachforschungen von vielen nicht ernst genommen werden.

Außerhalb dieses Kreises ist W. Brandenstein zu nennen, der in seiner Arbeit ›Etrüsklerin ve Tyrrhenlerin en eski tarihine ait dil titikleri / Sprachliches zur Urgeschichte der Etrusker und Tyrrhener‹, Belleten 3/4, Istanbul 1937 (S. 741 ff. deutsche Zusammenfassung) wie in ›Die Herkunft der Tyrrhener‹, Der Alte Orient 35, 1937, Heft 1, festgestellt hat, daß die etruskische Deklination *typologisch* der des turko-tatarischen Sprachkreises nahesteht; er nimmt aber an, daß das etruskische Lautsystem und eine begrenzte Anzahl von lexikalischen Elementen in sehr früher Zeit aus einer lautverschiebenden indogermanischen Sprache übernommen wurden (›Der indogermanische Anteil im

Etruskischen‹, Rev. des Études Indoeurop. I, 1938, 301 ff.; ›Zur Frühgeschichte der Tyrrhener‹, ebd. III, 1943, 66 ff.).
Ein neuer Vorstoß im Sinne der indogermanistischen These wurde von V. Georgiev in mehreren Arbeiten (›Die Träger der kretisch-mykenischen Kultur‹, I/II, Sofia 1936—38; ›Das Schicksal der indogermanischen O-Deklination im Etruskischen‹, Sofia 1939) vorgetragen. Die dann folgende Arbeit ›Die sprachliche Zugehörigkeit des Etruskischen‹, Sofia 1943, versucht den Nachweis, daß das Etruskische nicht bloß „indogermanoid", sondern „echt-indogermanisch" sei. Die späteren Arbeiten Georgievs, ›Hethitisch und Etruskisch‹, Ling. Balkan. 5, Sofia 1962, 3 ff. und ›Späthethitisch = Altetruskisch‹, ebd. 7, 1963, 5 ff., gehen noch einen Schritt weiter und wollen beweisen, daß das Etruskische „nichts anderes als eine Fortsetzung des Hethitischen, und zwar eines altertümlichen westhethitischen Dialekts" sei (Heth. u. Etr. 57). Seitdem hat Georgiev jeden neuen Fund dazu benützt, mit ihm die Richtigkeit seiner These zu illustrieren (siehe z. B. ›La bilingue di Pyrgi e l'origine ittita dell'etrusco‹, Ling. Balkan. 9, 1, 1964, 71 ff.).
Mit Durante, Rix und anderen Mitforschern bin ich überzeugt, daß auch Georgievs Versuch ein Fehlschlag ist. Das gleiche gilt von dem Versuch von A. I. Charsekin (›Zur Deutung etruskischer Sprachdenkmäler‹, Frankfurt 1963), das Etruskische vom Griechischen herzuleiten — eine Arbeit, die in ganz auffälliger Abhängigkeit von U. Colis ›Saggio di lingua etrusca‹ (Florenz 1947) steht.
Bei allen diesen Versuchen — ganz gleich, ob sie sich in der Richtung auf indoeuropäische oder nichtindoeuropäische Sprachen bewegen — wird nicht immer genau untersucht, ob ein Wort genuin etruskisch oder ein Lehnwort ist, oder ob ein Suffix im Etruskischen tatsächlich die gleiche Funktion wie in der verglichenen Sprache hat. Andererseits wird manches, besonders an Namen, dem Etruskischen zugeschrieben, was in Wirklichkeit italisch, also indoeuropäisch ist. Auf „die ungeheure Überschätzung des etruskischen Sprachgutes im Bereich der lateinischen und besonders der italischen PN" bei W. Schulze (›Zur Geschichte lateinischer Eigennamen‹, Berlin 1904, Neudruck 1933) haben E. Vetter in ›Studia Monacensia‹, IV (Kongreßberichte des VI. Internat. Kongr. f. Namenforschung, München 1958), 1961, bes. 771 ff., und H. Rix (96, 6 ff.) hingewiesen.
In jüngster Zeit hat M. Durante in einer großangelegten, sehr objektiven und sachkundigen Arbeit die Frage nach der sprachlichen Einordnung des Etruskischen erneut aufgenommen (›Considerazioni in-

torno al problema della classificazione dell'etrusco, parte prima‹, Studi mic. ed egeo-anatol. 7, Rom 1968, 7—60). Für ihn steht fest (und daran kann kein Kenner des Materials zweifeln), daß die qualitative Beschränktheit des uns zur Verfügung stehenden Materials nicht erlaubt, für das Problem der genealogischen Klassifikation des Etruskischen eine erschöpfende Lösung zu bieten, die gültig bleiben könnte unbeschadet einer künftigen Vermehrung unserer Kenntnisse. Es sei daher auch unmöglich, an das Etruskische mit den neuen Methoden einer typologischen Klassifikation auf statistischer Basis heranzukommen, da diese nur für vollkommen bekannte Systeme geeignet sind. Man müsse sich aber die Frage stellen, ob unter den heutigen Bedingungen die Erforschung der genealogischen Beziehungen des Etruskischen ein Problem sei, das alle möglichen und gleicherweise unbeweisbaren Lösungen erlaube und daher wissenschaftlich sinnlos sei, oder ob die Kenntnisse, über die wir verfügen, doch schon genügen, irgendwelche, wenn auch vorläufig noch nicht ganz deutliche Beziehungen festzustellen. Durante ist überzeugt, daß das Letztere der Fall ist.

Gewisse Ähnlichkeiten mit dem Indoeuropäischen, besonders bei den Pronomina, sind nicht zu leugnen. Daneben steht aber eine Reihe von Phänomenen, die nicht die entfernteste Entsprechung finden — die sogenannte Redetermination (z. B. *vel-uś-la* „des [Sohnes] des Vel"), die Bildung des Plurals mit einem Suffix bzw. Infix *-r- zwischen* Stamm und den Kasusendungen des Singulars, das Fehlen des Plurals bei gewissen Nominalformen und die sogenannte „Gruppenflexion".

Andererseits beweist der so oft herangezogene Lokativ auf *-thi* keineswegs das, was manche Indogermanisten glauben; es ist mehr als zweifelhaft, daß das Gemein-Idg. in der nominalen Deklination ein lokativisches *-dhi* gehabt habe. Lokative wie *oikóthi, ouranóthi* finden sich nur bei Homer und mangeln vollständig im mykenischen Griechisch.

Was immer ein zu erwartendes neues Material bringen mag — die heutige Auffassung, daß Etruskisch und Indoeuropäisch eine voneinander vollkommen unabhängige Entwicklung haben, wird wohl kaum eine Wendung von hundertachtzig Grad machen müssen (Durante, a. a. O. 9).

Die Meinung, das Etruskische sei verwandt mit einer kleinasiatischen, einer „mediterranen" oder indoeuropäischen Sprache, spiegelt die Ansicht von einer Herkunft der Etrusker aus dem Orient, aus

Italien selbst oder aus dem Alpengebiet wider. Wer hingegen für richtig hält, daß sich das etruskische Volk in Italien selbst aus verschiedenen Elementen gebildet habe, könnte in die Versuchung kommen, im Etruskischen eine *Mischsprache* zu sehen, die das Produkt einer Konvergenz eines enchorischen Idioms, einer kleinasiatischen Komponente und eines vielleicht schon indoeuropäisierten Elements darstellt (siehe C. Battisti, ›Sostrati e parastrati nell'Italia preistorica‹, Florenz 1959; 105. 129; V. Pisani, ›Saggi di linguistica storica‹, Turin 1959, 162 ff.; F. Schachermeyr, Re XXII, 1496. 1530; F. Altheim [6, 37]). Das hieße aber, daß sich Sprachen so wie Kulturen vermischen und dadurch etwas Neues hervorbringen. Das ist aber nicht der Fall. Durante (a. a. O. 19) führt zwei Beispiele an: Die mykenische Kultur ist das Produkt des Zusammentreffens von Minoern und Indoeuropäern; das mykenische Griechisch aber ist genuin indoeuropäisch. Viel stärker noch war die gegenseitige Durchdringung der anatolischen Völker und der einwandernden Indoeuropäer zu Beginn des 2. Jahrtausends in Kleinasien und die Hinneigung der Ankömmlinge zur reichen lokalen Kultur; und doch zeigt sich die Reaktion der Substrate und Parastrate fast ausschließlich auf lexikalischem Gebiet. Der Begriff einer echten Mischsprache ist unhistorisch, und nichts berechtigt zu einer — ad hoc geschaffenen — Annahme, die Entwicklungsgeschichte des Etruskischen gehe einen ganz eigenen Weg, abseits von den Konstanten, denen das Werden einer Sprache folgt. Man muß sich auch davor hüten, im Etruskischen eine *„lingua franca"* im Sinne eines Kommunikationsmittels zwischen heterogenen Volksgruppen zu sehen; eine solche hat in der Regel ein sehr beschränktes Lexikon und eine relativ einfache Grammatik. Daß dies aber beim Etruskischen nicht der Fall ist, beweisen die neuen Wörter und Formen, auch bei gut bekannten Inschrifttypen, die jeder etwas größere neue Fund ergibt.

Nach einer ausgedehnten Prüfung der Fakten und Möglichkeiten der mediterranen und der kleinasiatischen Hypothese kommt Durante (a. a. O. 54 ff.) zu dem Schluß, daß die Herkunft eines beträchtlichen oder sogar des vorwiegenden Teiles des etruskischen Lexikons aus einer enchorischen (autochthonen) Wurzel nicht auszuschließen ist, daß aber der Anteil eines „exotischen ethnischen Ferments" (S. 56), das vor allem in den Kasusmorphemen und in den Konjunktionen erfaßbar ist, auch nicht geleugnet werden kann. Das heißt aber nicht, daß dieses Element oder Ferment aus Kleinasien gekommen sein muß. Durante glaubt, daß die Tyrrhener — sie sind die Träger jenes Ferments —

ihre Wurzel in der Kykladenkultur des 3. Jahrtausends v. Chr. haben und daß sie aus einem solchen Milieu, nicht aus Anatolien, nach Italien gekommen sind. Die Begründung dieser Meinung, die unseres Erachtens sehr viel für sich hat, will Durante in einem zweiten Teil seiner Untersuchungen bringen.

## IV. ZUR METHODE DER ETRUSKOLOGIE

Als komplexe Disziplin mit verschiedenen Teildisziplinen, die ebenso viele spezifisch verschiedene Objekte darstellen, hat die Etruskologie nicht *eine* Methode, sondern so viele, wie sie Objekte hat. Wo es um die Urgeschichte und die Geschichte der Etrusker geht, gelten natürlich die Methoden der Urgeschichts- und der Geschichtsforschung. Etruskische Archäologie ist gleicherweise nicht ohne die allgemeine Methode und eine gründliche Kenntnis der klassischen Archäologie möglich.

Eine relativ eigenständige Methode gibt es — abhängig von der besonderen Problematik dieses Sektors — nur auf dem Gebiet der etruskischen Sprachforschung, also in Linguistik und Philologie. Darauf muß hier etwas näher eingegangen werden.

Es wurde schon oben im Kapitel über die Sprachforschung erwähnt, daß man heute von der „kombinatorischen" Methode sagt, sie hätte gegeben, was sie geben konnte, daß es jetzt aber einer anderen Methode bedürfe, um in der Forschung weiterzukommen. Diese Forderung erschien besonders nach den wichtigen Funden der letzten Jahre (Gold- und Bronzebleche von Pyrgi, Bleistreifen von S. Marinella) dringend. Wohl hatten diese Texte — besonders die beiden Goldbleche mit punischer und etruskischer Inschrift — klar gezeigt, daß der Weg der kombinatorischen Methode grundsätzlich richtig ist und auch richtig gegangen wurde. Die mit diesen Inschriften verbundenen Probleme haben aber ebenso erkennen lassen, daß diese Methode in ihrer bisherigen Anwendung nicht genügt. Es muß aber trotzdem betont werden, daß die richtig verstandene und richtig gebrauchte kombinatorische Methode in unserer Lage die einzig legitime ist und durch keine andere, auch nicht eine primär „archäologisch-historische" ersetzt werden kann (89, 5 *ff.*).

H. Rix hat in seiner Besprechung von A. I. Charsekin, ›Zur Deutung etruskischer Sprachdenkmäler‹ (Gött. Gel. Anz. 217, 1965, 72 f.) eine treffliche Darstellung und Kritik der kombinatorischen Methode gegeben. Diese enthält wesentlich zwei ganz verschiedene Komponenten, eine *formal-strukturelle* und eine *inhaltlich-kontextuelle*. Die erste besteht in der Berücksichtigung der übrigen Belege der einzelnen Wörter und in der Untersuchung der formalen Gestalt eines Textes und Vergleichung ähnlicher bzw. entsprechender Wortformen und ähnlicher Textstellen. Die zweite besteht in dem Versuch, von außen den Gesamtinhalt des Textes zu ermitteln und dann von der Bedeutung des Ganzen auf die der einzelnen Wörter zu schließen. Der erste Weg, „dessen Wichtigkeit unlängst J. Wilkins (in einem Aufsatz ›Etruscan Numerals‹, Transact. Philol. Soc. 1962 (1963) 51—79) betont hat, liefert selbständig freilich keine Wortbedeutungen; dafür kann er auch Einblick in die syntaktische Struktur längerer Texte gewähren, für die Ch. die Anwendbarkeit der 'kombinatorischen' Methode zu Unrecht leugnet: man vergleiche die Arbeit von Olzscha-Pallottino-Pfiffig an den vier längeren Parallelritualen der Agramer Mumienbinden, die bei allen Abweichungen im einzelnen doch einiges Licht in diesen Text gebracht haben."

Rix erklärt weiterhin, man könne, wenn man dies wolle, „kontextuelle" und „strukturelle" Kombinatorik als zwei verschiedene Methoden ansehen und für ein gesichertes Ergebnis fordern, daß beide zusammentreffen. „Das Zusammentreffen von ‚kombinatorischer' und ‚bilinguistischer' Methode entspricht dieser Forderung nur dann, wenn die ‚strukturelle' Kombination gemeint ist." Anderenfalls, so möchte ich hinzufügen, besteht die ernste Gefahr eines circulus vitiosus, indem man a priori einen gleichen Gesamtinhalt annimmt und damit etwas voraussetzt, was erst bewiesen werden muß. Von der „bilinguistischen" Methode sagt Rix zutreffend, sie sei „nur ein Sonderfall der ‚kontextuellen' Kombinatorik, insofern als sie neben den archäologischen (Fundort, Art, Umgebung etc. des beschrifteten Gegenstandes) ein weiteres Mittel zur Bestimmung des Gesamtinhalts darstellt und auf Grund der Erfahrung, daß in Sprachen desselben Kulturkreises gleiche Inhalte oft auf gleiche Weise formuliert werden, auf einzelnes schließen läßt."

Es scheint, daß das, was Rix als „Sonderfälle" der kontextuellen Kombinatorik bezeichnet — den archäologischen Gesamtbefund also und die (eventuell vorhandenen) Bilinguen, bei denen auch der in seiner Bedeutung richtig erkannte Inschriftträger unter Umständen zur „Sachbilingue" werden kann —, stärker erfaßt und mehr bewußt in die Methode eingebaut werden müßte. Dies gilt ganz besonders von der archäologischen Analyse, die im günstigen Fall einer Selbstaussage des Objekts viel weniger der Gefahr unterliegt, etwas vorauszusetzen, was erst zu beweisen ist. Selbst wo die direkte Selbstaussage fehlt, können Form, Material, Art des Gegenstands, Fundumstände und antiquarische Parallelen vieles über den Gegenstand selber aussagen und vorsichtige Schlüsse auf den generellen Inhalt der Schrift, die er trägt, erlauben oder nahelegen.

Eine in solcher Weise ausgebaute, komplexe kombinatorische Methode kommt in folgenden Phasen zur Anwendung: a) archäologisch-antiquarische Analyse; b) formal-strukturelle Analyse; c) inhaltlich-kontextuelle Analyse. Niemand wird verkennen, daß die besten Kombinatoriker schon immer mehr oder weniger so vorgegangen sind. Man wird kaum einen Fall eines sicheren, auf kombinatorischem Wege gewonnenen Ergebnisses nennen können, bei dessen Prüfung jene drei Phasen nicht irgendwie deutlich werden. Hier muß aber betont werden, daß nicht nur jede Kombinatorik, welche die erste Phase durchgehend vernachlässigt (ein typisches Beispiel für diese Methode sind die Arbeiten Stoltenbergs), wertlos ist, sondern daß diese Phase in ihren archäologischen, antiquarischen, paläographischen und epigraphischen Elementen (zu den antiquarischen dürfen in diesem Zusammenhang auch die eventuellen literarischen Zeugnisse gezählt werden) mehr als bisher ausgebaut und ausgeschöpft werden muß. Hierbei ist aber eine unabdingbare Forderung, daß mit klaren Begriffen und klaren Definitionen gearbeitet wird. Es ist zum Beispiel — um nur zwei in der letzten Zeit im Zusammenhang mit den neuen Texten geschehene, leicht in die Irre führende Ungenauigkeiten zu nennen — nicht jeder Text, dem der eine oder andere Opferterminus vorkommt, schon ein „Ritual", und ebensowenig darf man, wenn das Wort „Archiv" im eigentlichen Sinn gebraucht wird, von den an der Tempelpforte oder an der Wand der Cella befestigt gewesenen und dann vergrabenen Dedikationen von Pyrgi sagen, es seien mit ihnen „Teile des Tempelarchivs" gefunden worden.

Die Voraussetzung jeder formal-strukturellen Analyse ist eine möglichst umfassende und genaue Klärung der epigraphischen Gegebenheiten. Die starke Betonung des Epigraphischen hat ihren Grund darin, daß „die Epigraphik, die für andere Sprachen nicht mehr als eine Technik, eine Nebendisziplin ist und sein darf, auf dem Gebiet der etruskischen Sprachforschung immer eine zentrale Stellung einnimmt" (Hönigswald, SE 12, 1938) und „für das Etruskische die Hermeneutik nicht ohne die Epigraphik auskommt" (21, *426 ff.*). Die Vernachlässigung dieser Forderung und das zu weit gehende Vertrauen auf die früheren (aber leider auch auf manche zeitgenössische) Publikationen hat es mit sich gebracht, daß Hunderte von Seiten geschrieben und gedruckt wurden, die etwas deuten wollen und sich mit Wörtern und Formen abplagen, die in Wirklichkeit nichts anderes sind als "ghostwords" und "ghostforms" — Wörter und Formen, die einfach nicht existieren und ihre gespensterhafte Existenz nur falschen Lesungen oder ungenauen Publikationen verdanken.

Und derartige "ghosts" finden sich leider nicht nur in nebensächlichen, unbedeutenden Inschriften, sondern auch in wichtigsten Dokumenten wie der Tontafel von Capua, dem Cippus Perusinus, den Agramer Mumienbinden und dem Blei von Magliano. Verschiedene dieser Lese- und Editionsfehler sind zwar schon vor Jahren korrigiert worden und werden laufend korrigiert; allein immer wieder zeigt es sich, daß auch bei wichtigen Untersuchungen diese Korrekturen vernachlässigt werden. Geradezu verheerend wirken sich unkritisch übernommene Lesungen aus, wenn auf ihnen Argumente aufgebaut werden, die dezisiv sein wollen (z. B. ein nicht existierendes *esmi* als Beweis für den indogermanischen Charakter des Etruskischen — um nur einen ganz krassen Fall zu nennen).

Man hört und liest bisweilen eine etwas spöttische oder gar gereizte Kritik am „linguistischen Technizismus" und am „epigraphischen Rigorismus", als würde je die Epigraphik um der Epigraphik willen betrieben. Das ist nicht der Fall; gerade der Nicht-Epigraphiker muß einsehen, daß seine Arbeit ohne eine rigorose Epigraphik, die ihm sagt, was wirklich dasteht, ständig in Gefahr ist, auf Treibsand aufzubauen. Überdies ist der „rigorose" Epigraphiker doch meist nichts anderes als ein Linguist oder Historiker, den die erkannte Misere der Editionen gezwungen hat, zuerst einmal als Epigraphiker zu arbeiten, um sich eine tragfähige Basis für die weitere Arbeit zu schaffen. Ein solcher wird der letzte sein, der die geniale Findigkeit des Kombinatorikers und den Einfallsreichtum und das Wissen des historisch interessierten Interpreten geringschätzt. Er ist aber zutiefst überzeugt, daß vor der Kombinatorik und der Interpretation ein nüchterner Realismus stehen muß.

Es muß auch einiges zur formal-strukturellen Komponente der kombinatorischen Methode gesagt werden. Sie wird völlig steril, wenn sie sich auf einen äußerlichen, mechanischen Vergleich von Wörtern und Formen beschränkt, weil sie auf diese Weise nur eine rein äußerliche Feststellung trifft, aber zu keiner neuen Erkenntnis führt. Zu wissen, daß dieses Wort, dieser Stamm, diese Form auch in der Inschrift X

oder Y vorkommt, eröffnet noch keinen Weg zu tieferem Eindringen.
Was hilft die Angabe, diese oder jene drei oder vier Wörter enthalten
„wahrscheinlich", „vielleicht" oder „möglicherweise" dasselbe Element X? Daß dies wenig Sinn hat, wird bei einer Serie von nicht oder
kaum bekannten etruskischen Wörtern nicht unbedingt auf den ersten
Blick und überzeugend offensichtlich. Wenn wir aber, um die Berech-
tigung unserer Kritik deutlich zu machen, analoge Serien aus Wörtern
uns bekannter Sprachen bilden, wird dies sofort klar:

lat.:        *rector, precor, melior:* gleich gebildet mit demselben Suffix
            oder Formans *-or*;

            *lamina, carmina, precamino:* gleich gebildet mit derselben
            Stammerweiterung *-mina/o*;

deutsch:    *Regen, wegen, legen:* endet in gleicher Weise auf *-(g)en*;

            *nicht, Nacht, lacht:* mit einer konsonantischen Endung *-cht*
            gebildet;

engl.:       a) *gives, houses* enden auf *-es*, während

            b) *rats, has, as* auf *-s* enden; also sind a) analoge Formen
            und ebenso b);

franz.:      *prends, fonds* sind mit dem Suffix *-(n)ds* gebildet;

            *jets, chalets* haben *-ts*, wahrscheinlich für *-ds*;

            *pour, amour* sind mit dem Suffix *-(o)ur* gebildet.

Das soll kein grausamer Scherz sein — jedoch was würden wir auf
diese Weise aus einem lateinischen, deutschen, englischen, französischen
Text herausbekommen, wenn wir von diesen Sprachen nicht mehr
wüßten als vom Etruskischen? Solche rein äußeren Vergleiche mögen
für eine erste Bestandsaufnahme von einigem Wert sein, aber das ist
schon alles. Formal-strukturelle Analyse heißt die Form zerplittern,
aufbrechen bis zum Kern der Wurzelsubstanz. Dabei mögen Fehler
unterlaufen, besonders wenn mehrdeutige Elemente nicht unterschieden
werden. So ist z. B. in etr. *ame* „sei" *-e* das Zeichen des Konj./Opt.
3. Pers., kann aber auch — z. B. in *(puia) ame* „war (die Gattin)" —
das Zeichen des starken Präteritums sein; in *(cletram) śrenχve* „mit
der geschmückten (Schale)" ist *-e* die Endung des instrumentalen
Modalis.

Die Wortbedeutung ist primär nebensächlich. Wichtig ist in erster
Linie die Erkenntnis der morphologischen Struktur, der Entfaltung
des in der Wurzel oder im Stamm ausgedrückten Begriffs. Dabei ist
vom Begriff der Sprache her als Mittel zur Kommunikation von vorn-
herein energisch abzulehnen, was gegen jede Ökonomie der Sprache ist,

aber oft — um sich ein „non liquet" zu ersparen — prätendiert wird: die angeblich „für das Etruskische charakteristische" Oszillation der Suffixe und die „häufige Aneinanderreihung 'neutraler', 'indifferenter' Suffixe". Was neuere statistische und strukturanalytische Untersuchungen erwiesen haben, gilt auch für gleich welche Altsprache: Es gibt eine Ökonomie der Sprache, und einer solchen widersprechen derartige generelle Behauptungen.

Eine korrekte formal-strukturelle Analyse dieser Art, der die archäologische und antiquarische vorausgeht und die nun etwas abgesicherte inhaltlich-kontextuelle folgt, ist im wesentlichen eine ausgedehnte philologische Prozedur.

Das Wesen der kombinatorischen Methode besteht, wie der Name sagt, im Kombinieren, im logischen Verbinden eines Elements mit einem anderen dazupassenden. Dies bedeutet aber, daß vor der Verknüpfung der Elemente, die zueinander zu passen scheinen, das „Durchspielen aller Möglichkeiten" steht. Das ist natürlich nicht ein aufs Geratewohl durchgeführter Prozeß, sondern ein geordnetes, logisches Vorgehen, das Gesichertes, Wahrscheinliches und Mögliches kennt, unterscheidet und dementsprechend anwendet. Dabei ist immer wieder zu prüfen und nachzuweisen, ob analoge Erscheinungen beobachtet sind und wie sie sich zu dem in Frage stehenden Fall verhalten. Das „Erschließen" einer Form als Arbeitshypothese ist auch bei der Arbeit am Etruskischen legitim und unter Umständen sogar unerläßlich. Die Bedingung dafür ist nur, daß in jedem Fall vom Bekannten zum Unbekannten weitergeschritten wird und daß dieser Schritt (sprach)logisch gerechtfertigt ist.

Für manches — vielleicht für vieles — muß bisweilen ein Grad von großer Wahrscheinlichkeit als moralische Sicherheit genügen, donec aliud probetur. Eine „absolute" Sicherheit könnte nur ein „Schlüssel" (Bilingue in striktem Sinn, Lexikon, Glossar) bieten. Ein solcher ist aber bis heute nicht gefunden worden, und ob er je wird gefunden werden, ist mehr als zweifelhaft. Sich auf die Forderung nach solcher „absoluter" Gewißheit versteifen hieße aber, im Stadium des heute Möglichen die Forschung einstellen und jedes neue Material liegenlassen, „weil wir nichts wissen können". Dann hätte aber auch die Publizierung neuen Materials einen Sinn höchstens für die Nachwelt (und auch das wäre noch ungewiß).

Wer sich zur kombinatorischen Methode bekennt, bekennt sich auch zum Versuch und zur relativen Gewißheit des Ergebnisses; zu nichts mehr und nichts weniger. Er bekennt sich auch zur Bereitschaft und zum Mut, sein Ergebnis mit einem allfälligen neuen Fund zu konfrontieren, der es widerlege oder bestätige. Wenn eine gewisse Kritik an der kombinatorischen Methode zu immer gewissenhafterem und exakterem Forschen anspornen will — um so besser; wenn sie aber mit unerfüllbaren, irrationalen Forderungen die Arbeit lähmt (oder direkt lähmen will), dann ist sie steril und wertlos.

In jüngster Zeit hat sich diese Kritik darin gefallen zu behaupten, die kombinatorische Methode habe von allem Anfang sich selbst getäuscht, wenn sie behauptete, das Etruskische nur aus sich selbst heraus — also ohne Hilfe ab externo — deuten zu wollen und zu deuten. Schon die Feststellung, das Objekt sei ein Grabstein und der etr. Name *cae* sei doch lat. *Caius*, seien Erkenntnisgründe äußerer Natur. Dieser Einwand ist nichts als ein sophistischer Winkelzug. Unter dem Ausschluß äußerer Erkenntniswege haben die Kombinatoriker immer nur den etymologischen Vergleich mit anderen Sprachen verstanden. Wäre es anders, dann hätten sie auch alle ihre Kenntnisse, ja selbst den logisch denkenden Verstand, ausschließen müssen.

In der Debatte um die Aktivierung neuer Methoden in der etruskischen Sprachforschung wurde jüngst auch die Forderung nach Übernahme und Einführung der Modelle der modernen Linguistik, besonders des Strukturalismus erhoben (104, *197 ff.*). Man denkt hier besonders an das phonologische System des Etruskischen zur Zeit der Übernahme des griechischen Alphabets und an die diachrone Entwicklung dieses Systems. Zu solchen Erkenntnissen will man besonders durch die graphematische Analyse der Sprache und durch das Studium der Lehnwörter, der griechischen vor allem, aber auch der lateinischen und italischen, kommen. Von hier aus sollen dann auch das angebliche Fehlen des Vokales *o* im Etruskischen, die Oszillation des Vokaltimbres und die Erscheinungen der Synkope geklärt werden.

Diese Forderungen sind im Prinzip zu unterstützen (auch wenn sie zum Teil offene Türen einrennen und es bei manchem nur auf eine moderne Terminologie herauskommt); es müssen aber trotzdem einschränkende Vorbehalte angemeldet werden.

Schon de Saussure (99,*51 f.*) hat mit Nachdruck darauf hingewiesen, daß man, bevor aus bestimmten Wortbildern phonologische Schlüsse gezogen werden, sich über die mögliche Diskrepanz zwischen Schreibung und Aussprache klar sein muß. Er sagt, daß die Schrift das Aussehen der Sprache verdunkelt; sie kleidet sie nicht, sondern sie

verkleidet sie. Was aber die Aussprache eines Wortes bestimmt, ist
seine Geschichte, nicht die Orthographie; denn es kann geschehen,
daß zwei verschiedene Schreibungen die Entscheidung erschweren, ob
es sich um zwei verschiedene Aussprachen handelt. Und genau das —
verschiedene Schreibungen, die aber nicht immer verschiedene Aussprachen bedeuten — findet sich im etruskischen Material. Es zeigt
z. B. die spätere, aber schon in archaischer Zeit einsetzende graphematische Reduktion der drei stimmlosen Gutturale *c*, *k* und *q* zu
praktisch ausschließlichem Gebrauch von *c* (bzw. von *k* in einigen
Gegenden Nordetruriens in rezenter Periode), daß schon in archaischer
Zeit — und damit auch schon zur Zeit der Rezeption des griechischen
Alphabets — zwischen den drei Lauten im Etruskischen keine phonologische Relevanz bzw. Opposition bestand. Es wurde wohl ursprünglich *c* vor *e* und *i*, *k* vor *a* und Konsonanten, *q* vor *u* geschrieben, doch
ist auch dies nicht fest; denn wir finden schon im älteren Etruskisch
*c* vor *a* (Pyrgi, S. Marinella), ebenso *k* vor *e* (TLE 26.363), nie aber
*q* vor *e*. Dies scheint doch darauf hinzuweisen, daß auch der Ansatz-
stelle keine besondere Bedeutung zukam und daß auch in den Gra-
phemen nur kombinatorische bzw. fakultative Varianten vorliegen.
Es darf also das Graphem nicht ohne weiteres als Photographie des
Phonems aufgefaßt werden. Dies gilt in unserem Fall schon ab origine.
Wissen wir denn überhaupt, ob die übernommenen Grapheme die
Phoneme der übernehmenden Sprache adäquat ausdrückten, ja ausdrücken konnten? Mit Recht erklärt daher Heilmann (48, *49 f.*): „Uns
fehlt die Definition der Phoneme der vorindogermanischen Sprachen;
daher ist es uns nicht gegeben, die Elemente des Substrats in ein funk-
tionelles System einzuordnen. Die Bestimmung des Systems der phonologischen Oppositionen und damit des phonologischen Inhalts der
Phoneme übersteigt größtenteils unsere Möglichkeiten."
     In der Praxis wurden diese Probleme akut an der Frage, ob zwi-
schen den Suffixen des Präteritums *-ce* (= *ke*) und *-χe* (= *khe*, nicht
*che* wie in *nicht* oder *Nacht*) phonologische Opposition mit der Konsequenz der Unterscheidung von Aktivum und Passivum vorliege oder
nicht. Bevor man da eine These aufstellen kann (wie dies leider bereits
geschehen ist), muß überhaupt erst gefragt werden, ob es angehe,
a priori zu dekretieren, daß das, was schriftlich als *c* (= *k*) fixiert wurde,
*ein* Phonem sei, und das Graphem χ (= *kh*) ein *anderes*. Das synchrone
Vorkommen des Familiennamens *acsi* (= Aksi) neben *aχsi* (= Akhsi)
in demselben Grab hätte doch zur Vorsicht mahnen müssen. Wenn

man aber gleich dekretiert, dann wird doch vorausgesetzt, was — ganz im Sinne der aufgestellten Forderungen — erst zu studieren und zu beweisen ist. Gerade für den, der eine neue Sprachbetrachtung propagiert, müßte doch im Prinzip feststehen, daß es auch im Etruskischen Varianten oder Allophone eines Phonems zumindest geben *kann*, die dann ex definitione eben nicht in funktioneller Opposition stehen. Es müßte weiter an „kombinatorische" und/oder „kontextuelle" Varianten gedacht werden, und man müßte versuchen, durch die Analyse des phonischen Kontextes ihre Bedingungen aufzuspüren. Man müßte ferner auch mit der Möglichkeit rechnen, daß sich in der Schrift auch „individuelle" Varianten niedergeschlagen haben. Solange eine solche Analyse nicht durchgeführt ist, ist es bedenklich, aprioristische phonologische Aussagen zu machen, die bei der Lage der Dinge in der etruskischen Sprachforschung schließlich in die Morphologie und damit in die Textinterpretation auslaufen und dort Verwirrung stiften, ja Erkenntnismöglichkeiten verbauen.

Da es bedenklich ist, von phonologischer Relevanz zu sprechen, wo auf nicht unbedeutende Strecken hin der Sinn etruskischer Wörter nicht oder nicht mit Sicherheit bekannt ist, müßte zuerst vom sicheren Namenmaterial ausgegangen werden, das in vielen Fällen diachron verfolgbar und ebensooft nach den äußeren Gegebenheiten (selbes Grab; selbe Familie; selbe Generation; Filiationsverhältnis) auch synchron ist. Erst an zweiter Stelle kommt dann jenes Wort- und Formenmaterial in Frage, dessen Bedeutung hinlänglich gesichert ist.

Wie sich wohl klar ergeben dürfte, ist die geforderte „moderne" Sprachbetrachtung in der Etruskologie wenigstens vorläufig nicht so durchführbar, wie es heute in der Linguistik der modernen Sprachen (und der alten, die in ihrem Wandel bis heute verfolgbar sind) geschehen kann. Mit Maß und Kritik im Rahmen der heutigen Gegebenheiten bei der Erforschung des Etruskischen angewendet, wird sie bestimmt nicht ohne Nutzen sein. Wenn aber von den „modernen Positionen" aus die Sinndeutung von Formen und Wörtern angegangen wird (wie dies bereits geschehen ist), dann landen wir dort, wo die etymologische Methode geendet hat: daß wir den Fehler machen, das vorauszusetzen, was eben erst bewiesen werden soll.

# V. ETRUSKOLOGIE UND VORGESCHICHTE

Jede Stellungnahme zum Problem „Herkunft der Etrusker" (siehe oben ›Die besonderen „Rätsel" der Etruskologie‹) muß vorerst die Frage nach der vorgeschichtlichen Besiedlung Italiens und im besonderen der „Toskana" (für uns hier das Land, das zwischen den Grenzen *Arno — Apennin — Tiber — Tyrrhenisches Meer* liegt) stellen und zu klären versuchen, welche autochthonen Elemente festzustellen sind, und ob sich neben solchen auch zugewanderte nachweisen lassen.

Während die älteste prähistorische Forschung in Italien in Methode und Terminologie stark von der französischen abhängig war, kam es später zu einer mehr eigenständigen Forschung und zum Teil eigener Terminologie — nicht immer zum Vorteil für eine klare Übersicht und den nötigen Anschluß an die übrige europäische Forschung. Eine für Europa allgemein durchführbare Gliederung der Vorzeit gilt durchaus auch für Italien (93).

So ist das *Clacto-Abbevillien* — die Klingen- und Faustkeilkultur der ersten Zwischeneiszeit, der zweiten Eiszeit und der zweiten Zwischeneiszeit — in weiten Teilen Italien nachgewiesen. Der dritten Zwischeneiszeit und dem Beginn der letzten Eiszeit gehören zahlreiche Funde der Apenninenhalbinsel an, während solche aus der vollen letzten Eiszeit nicht sicher sind. Die uns interessierenden Funde von *Viacupa* bei Montepulciano und *Cignano* bei Foiano unterscheiden sich nicht vom westeuropäischen Acheuléen. Das Schädelfragment von *Quinzano* gehört einem Neandertaler, nicht einem (angenommenen, aber in dieser Epoche inexistenten) *Homo sapiens fossilis* an. Auch das *Moustérien* (zum Teil mit Levallois-Technik — in der Toskana z. B. in den Padule des *Lago di Massaciucoli,* in den Grotten des Monte Cetona und im Bereich des Monte Amiata) ist besonders zahlreich nachgewiesen und reicht von Ligurien bis Kalabrien. Träger dieser Kultur ist der Neandertaler.

Die Toskana ist mit den Funden von *Cortona, Olmo* (zwischen Trasimenersee und Perugia), *Casentino, Siena, Massa Marittima* und der *Grotta S. Francesco* am Monte Cetona vertreten. Hochgelegene, nur zeitweilig besiedelte Plätze („Höhen-Moustérien", ital. „Musteriano alpino") sind als Jagdrastplätze der Höhlenbärenjäger anzusehen. Für die Toskana sind hier die *Grotta all'Onda* bei *Casoli*, die *Bucca del Tasso* und die *Tecchia d'Equi* bei *Fivizzano* zu nennen. Ob auch hier von kultischen Bärenschädeldepots gesprochen werden kann, ist noch offen, aber nicht unwahrscheinlich.

Eine vom örtlichen Steinmaterial, nicht von einer kleinen Statur der Erzeuger, abhängige Fazies ist das „Küsten-Moustérien" (ital. „Musteriano costiero"), wie es in dem uns hier interessierenden Gebiet mit den Funden von *Palidoro* und vom *Monte Argentario* gegenüber Orbetello vorliegt.

Das Jungpaläolithikum mit der im Aurignacien beginnenden verfeinerten Klingenformung und dem Auftreten einer neuen Menschenform, des *Homo sapiens fossilis*, ist auch für die Halbinsel mit der dichten Besiedlung in den vorausgehenden Perioden nicht ohne schwerwiegende Probleme. Um die Frage entscheiden zu können, ob eine Monogenese dieser Kulturform und ihre Ausbreitung in die Alte Welt anzunehmen ist oder Polygenese innerhalb der vorausgehenden Kulturbereiche, ist das Quellenmaterial noch zuwenig umfangreich. Die etwas voreilige Prägung von Sonderbezeichnungen wie „Talamonien" (A. Mochi) und „Grimaldien" (Rellini und Vaufrey) ist auch vom Material her abzulehnen. Die Ergebnisse der bisherigen Forschung sind noch zu unsicher. Dasselbe dürfte auch für die jüngste Periode, das sogenannte Mesolithikum, gelten. Jedenfalls ist auch hier die Verkleinerung der Steingeräte und die Ausbildung geometrischer Formen typisch.

Wir hielten diese ganz kurze, grobe Skizze der Altsteinzeit — des Lithikums nach der Terminologie von R. Pittioni — für nötig, weil im allgemeinen die Etruskologen — insofern sie überhaupt so weit zurückgehen — ihre Betrachtungen erst mit der Jungsteinzeit — dem Keramikum — beginnen.

Auch bezüglich des Keramikums gilt für Italien die Notwendigkeit des Anschlusses an die relativ-chronologischen Gegebenheiten des kontinentalen Europas, aber auch an die der absolut-chronologischen Ägäis. Dies ergibt nach Pittioni (93, *157*) etwa folgende Gliederung: *Grundkeramikum* (erkenntlicher Übergang vom Mesolithikum zum Neolithikum) $\pm$ 5500—4800 v. Chr.; *Frühkeramikum* $\pm$ 4800 bis 3500 v. Chr.; *Mittelkeramikum* (Hochstufe ohne Kenntnis des Kupfers) $\pm$ 3500—2700 v. Chr.; *Spätkeramikum* (mit erstem Auftreten des Kupfers) $\pm$ 2700/2600—$\pm$ 1800/1700 v. Chr. Diese

Gliederung beruht im wesentlichen auf den in Pisa erarbeiteten C-14-Daten.

Mikrolithisches Material von Perugia und vom Trasimenersee könnte dem Grundkeramikum zugewiesen werden, das bisher nur in der Höhle von *Arene Candide* in Ligurien stratigraphisch sicher nachgewiesen ist. Die für das Frühkeramikum typische *Cardium-Keramik* hat nach L. Bernabò Brea ihren Ursprung in Nordsyrien und Südanatolien, während Pittioni eine örtliche Entstehung des Typus für wahrscheinlicher hält. Man könnte auch die Frage ganz allgemein fassen, ob nämlich das Auftreten der Keramik in Italien eine Parallele ist wie *Jarmo, Jericho, Çatal Hüyük* in Vorderasien und Anatolien, oder ob es wie das *Sesklo* in Griechenland jener *Vorderasiatischen Kulturtrift* zuzuschreiben ist, die Schachermeyr (101, *49 ff.*) herausgearbeitet hat. Einiges unter dem im Archäologischen Museum von Perugia befindlichen Material scheint eine nähere Untersuchung in dieser Hinsicht nahezulegen. Leider steht eben eine systematische Untersuchung des italienischen Materials — außer dem von Ligurien — noch aus. Das Mittelkeramikum der Toskana ist aus der *Grotta Lattaia* des Monte Cetona bekannt. Neben Höhensiedlungen kennt die bäuerliche „*Felci-Ripoli-Kultur*" auch Freilandsiedlungen in geschlossenen Dörfern, mit Wohngruben und — wie schon früher — Beisetzung der Toten in Hockerlage. Auf dieser Stufe tritt auch die Gefäßbemalung auf; ob diese balkanischen Einflüssen zuzuschreiben ist, wie die italienische Forschung annimmt, oder ob sie epichorisch ist, ist noch eine offene Frage. Jedenfalls unterscheidet die Bemalung Mittel- und Süditalien vom westeuropäischen Kulturkreis, in dem es diese Technik nie gab.

Das Spätkeramikum mit dem ersten Gebrauch des Kupfers wird in dem Gebiet, das uns besonders interessiert, von mehreren Problemen beherrscht. Deren bedeutungsvollstes ist das der Kontinuität zwischen der *Felci-Ripoli-Kultur* und dem „*Typus Rinaldone*". Ebenso bedeutungsvoll ist die Frage nach einer spätneolithischen Nutzung der später von den Etruskern ausgebeuteten Kupfererzvorkommen der Zone der *Monti metalliferi* und der *Tolfa-Berge*. Auf eine solche Nutzung könnte der auffällige Fundreichtum von Rinaldone-Material in der Toskana und die zahlreichen Bronzegegenstände der frühen Bronzezeit hinweisen.

Eine umfassende spektralanalytische Untersuchung der bekannten Lagerstätten und der Bronzen, die durch die Identität typischer Begleitmetalle (die natürlich in ihrer Gesamtheit zu erfassen wären) des Kupfers Beweiskraft erhielte, steht leider noch aus. Es wäre auch die Frage des Gebrauchs von gediegenem Antimon und des Antimon- und Arsenanteils in kupfernen Rinaldone-Dolchen zu klären, da dieser bisher als typisch für mitteldeutsche Herkunft des Kupfers gilt. Die Arbeiten von L. Cambi (22) sind ein erster Anfang auf diesem Gebiet. Es wäre auch die Herkunft des Zinns zu untersuchen. Dieses wird nicht nur zur Legierung des Kupfers verwendet, sondern dient seit dem Ende der Bronzezeit in dünnen Folien auch zur Verzierung von Gegenständen aus gebranntem Ton (111). Es sei hier nur an die bekannte runde Hüttenurne des Archäologischen Museums zu Florenz aus dem Pozzograb 1 vom *Poggio alla Guardia* in Vetulonia erinnert, deren geometrische Dekoration aus Zinnfolie besteht (59, *18*; *47*, *nr. 56*). Auch eine befriedigende Deutung des Auftretens von gelochten Knaufbeilen im Typus Rinaldone steht noch aus (sogar die italienische Forschung denkt hier an mitteleuropäischen Einfluß).

Seit den jüngsten Funden von *Fosso Conicchio* bei Rinaldone in der Provinz Viterbo (1968) mit Glockenbechern und Daumenschutzplatten in einem „Ofengrab" *(tomba a forno)* stellt sich erneut die Frage nach dem Auftreten der *Glockenbecherkultur* in Italien, die bisher nur auf Sizilien und Sardinien und in der Poebene *(Remedello-Gruppe)* festgestellt wurde. Die ersten Bearbeiter dieser Funde denken an frühe Kontakte mit Sardinien. Merkwürdig ist auch das Vorkommen von inkrustierter Keramik in diesem Grab (ähnlich dem späteren „apenninischen" Typus) neben den Glockenbechern und triangulären Feuersteindolchen, die ägäische Kupferdolche nachahmen.

Die Bronzezeit (das „*Frühmetallikum*" nach Pittioni) in Italien ist durch mitteleuropäische Einflüsse im Norden (Urnenfelderkultur) und ägäische (mykenische) im Süden der Halbinsel gekennzeichnet. Das Zentrum mit der *Apenninen-Kultur (Belverde-Cetona-Kultur)* spielt eine eigene Rolle. Von den spätbronzezeitlichen Kulturen nördlich des Apennin ist für uns die *Villanovakultur* der von der Urnenfelderkultur beeinflußten Terramaren-Bevölkerung um Bologna besonders wichtig. Hier hängt alles von einer objektiven, sachgerechten Auffassung von der Bedeutung der Urnenfelderkultur ab, zu der sich die italienische Forschung noch nicht durchgerungen hat. Die Etruskologen sind eher geneigt, diesen Einfluß anzunehmen (77, 27). Die Prähistoriker denken — in polarem Gegensatz zu den Tatsachen — eher an eine mittelitalienische Neuerung und deren Ausbreitung in die Padana, auf Grund von gewissen Ähnlichkeiten im keramischen Bestand diesseits und jenseits des Apennin. Dagegen ist festzuhalten, daß es ein echtes „Villanova" — nach einer rigorosen Definition des Bologneser Typus — südlich des Apennin nicht gibt. Die als typisch angesehene *bikonische Urne* des echten Villanova und jene des Südens *(Tolfa-Allumiere, Grottaferrata-Tarquinia, Pontecagnano-Sala Consilina)* sind absolut nicht identisch; die Verwandtschaft ist nur durch das gleiche Superstrat (Einfluß der Urnenfelderkultur) gegeben. Diesem Superstrat ist auch die Einführung der Leichenverbrennung zuzuweisen.

Von größerer Bedeutung als das (echte) Villanova ist für die Vorgeschichte Etruriens nach unserer Meinung die bronzezeitliche Apenninen-Kultur (94). Dieser in der italienischen Forschung gebräuchliche Name ist etwas irreführend. Nach ihm könnte man annehmen, daß der Apennin mit dem Zentralgebiet dieser Kultur zusammenfällt. Gerade das ist aber nicht der Fall; der Apennin bezeichnet höchstens die Nordgrenze des Verbreitungsgebietes, das hauptsächlich Mittel- und Süditalien (Apulien) umfaßt. Wir ziehen deshalb nach Pittionis Beispiel die Bezeichnung *Belverde-Cetona-Kultur* nach einem zentralen Fundort am Monte Cetona in der Toskana vor.

Die häufigen Depots mit Randleistenbeilen und Vollgriffdolchen von mitteleuropäischem Aspekt der frühen Phase dürften einfach als mitteleuropäische Exportware zu bezeichnen sein. Auch hier wäre die spektralanalytische Untersuchung entscheidend. Die bisher spärlich bekannte Keramik ist mit Punktreihen verziert und zeigt Ansätze der hörner- oder halbmondförmigen Griffhenkelbildung. Violinbogenfibel, Griffzungendolche und Griffzungenschwerter, viereckige Rasiermesser der entwickelten Belverde-Cetona-Kultur zeigen durchaus mitteleuropäische Typen. Auf *Ischia* ist solches Material mit mykenischen Scherben zusammen gefunden worden. Aus dem nachmaligen Etrurien haben wir den ansehnlichen Depotfund von *Piano di Tallone* im Tal des Fiora und die Griffzungenschwerter aus der Umgebung von Orvieto, vom Trasimenersee und von Arezzo *(Ponte di Frassinato)*. Typisch für die vollentwickelte Belverde-Cetona-Kultur ist die Keramik mit englichtigem Bandhenkel und mit halbmond- oder hörnerförmigem Schmuckaufsatz. Dazu kommt noch die Verzierung der feineren Ware in Tiefstich- und Kerbschnittechnik mit weißer Inkrustierung der mäander- oder spiralförmigen Muster, die nicht selten eingerahmt sind.

Die zahlreichen Fundorte bezeugen eine dichte Besiedlung. Rind, Schwein, Schaf, Ziege und Hund sind bekannt und beweisen zusammen mit den Resten von Kulturpflanzen den bäuerlichen Charakter der Bewohner. Wie bisher von einer ausgesprochenen „Hirtenkultur" zu reden berechtigen diese Funde in keiner Weise. Dies wird neuerdings durch die Ergebnisse der Ausgrabungen deutlich, die das Schwedische Institut in Rom seit 1956 in Südetrurien durchführt (19 a). In *S. Giovenale* bei Bieda ergaben sich Schichtfolgen von etwa 1400 bis 700 v. Chr., mit Belverde-Cetona-Kultur und „Villanova" mit ovalen Rundhütten, die unter der etruskischen Siedlung mit Häusern vom Megarontypus liegen.

Auf der Akropolis von *Luni* am Mignone sind deutlich drei prähistorische Besiedlungsschichten zu unterscheiden. Zuunterst liegt ein Neolithikum vom latialen Typus, darüber ein Chalkolithikum wie jenes von *Ponte S. Pietro* bei Ischia di Castro. In ungestörter Lage unter und über dem Fußboden von Häusern der Belverde-Cetona-Kultur — darunter solche, die 5 m breit, bis zu 22 m lang und 1,5 m in den Boden eingetieft sind — folgt die bronzezeitliche Schicht. Unter den zahlreichen Scherben der Belverde-Cetona-Kultur fanden sich auch sechs Fragmente mykenischer Keramik (nach Furumark 1400 bis 1100 v. Chr.). Kleine Handmühlen, Getreidekörner, Bohnen und Erbsen weisen zusammen mit den großen Häusern auf eine feste Bauernsiedlung hin. Bemerkenswert sind die zahlreichen Knochen von Haustieren. Zahlenmäßig stehen an erster Stelle die von Rindern, dann folgen die von Schweinen und erst an dritter Stelle jene von Schafen. Ein gleicher Befund ergab sich in einer Dorfsiedlung auf der Hochfläche der Akropolis von *S. Giovenale* (Kastell von *Pietro di Vico*).

In *Luni* liegen über der „apenninischen" Schicht Häuser der frühen Eisenzeit. Diese Siedlung wurde durch einen gewaltigen Brand zerstört. Die C-14-Untersuchung des Brandhorizonts ergibt 835—700 v. Chr. (9, *156 f.*). Das Auftauchen des „orientalisierenden" Stils ist hier um 630 v. Chr. anzusetzen.

Die Siedlungen in der Nähe der tyrrhenischen Küste, in den Tolfa-Bergen und bis hinauf nach Populonia, die der Phase *Grottaferrata-Tarquinia* zugeschrieben werden, zeigen deutlich die Entwicklung dieses Typus aus der Belverde-Cetona-Kultur. Die eben erwähnte schwedische Grabung ergab eine eindeutige Stratigraphie. Die Körperbestattung, die neben der Brandbestattung vorkommt, ist dem Substrat zuzuweisen. Eben dieses, durch die waagrechten Stabhenkel und die dekorative Gestaltung der Oberfläche der bikonischen Gefäße feststellbare „apenninische" Substrat unterscheidet das südliche „*Protovillanova*" und das „*tyrrhenische Villanova*" der italienischen Prähistoriker und Etruskologen von dem echten Villanova vom Typus Bologna. Die jetzt auch vorkommenden *Hausurnen* dürften, wie Pittioni meint, Neuschöpfungen sein, die durch die Übernahme der Leichenverbrennung bedingt sind. Vielleicht handelt es sich um Reminiszenzen der Hausbestattungen und jener in natürlichen und künstlichen Höhlen.

In der jüngsten Phase treten dann die halbmondförmigen Rasiermesser auf, deren Typus aus dem Ostalpenbereich über die Padana ins Land kommt.

Neuere Funde vom Tarquinia-Typus im kampano-lukanischen Bereich (*Ponte Cagnano* bei Salerno, *Capodifiume* bei Paestum, *Sala Consilina* im Tanagrotal), im Verbreitungsgebiet des Grottaferrata-Typus, haben durch ihr dort überraschendes Auftreten allerhand Verwirrung verursacht. Wer nämlich wie manche italienische Forscher das „*Villanova*" bereits als 'etruskisch' ansieht (und „*Protovillanova*" als „*protoetruskisch*"), muß im Gegensatz zur historischen Erfahrung eine Präsenz von „Etruskern" in festen Siedlungen (es handelt sich ja nicht um vereinzelte Gräber!) in jenen Gegenden annehmen. Setzt man sich dadurch nicht dem Verdacht aus, es bestehe die Absicht, die Hypothese von der Autochthonie der Etrusker zu neuem Leben erwecken zu wollen?

Nicht nur das Wiederaufleben der Körperbestattung, sondern auch die Beisetzung der Urnen mit dem Leichenbrand in körperlangen Ausschachtungen („Fossagräbern") weisen auf das Substrat (die Belverde-Cetona-Kultur) und das ethnische Kontinuum mit der späten Bronzezeit hin. Das bedeutet aber mediterrane, nicht indoeuropäische Prägung im Gegensatz zum im allgemeinen westeuropäischen Charakter der Zonen nördlich des Apennin.

Der Einfluß des Urnenfelder-Superstrats bedeutet auch die Indogermanisierung der betroffenen Gebiete; die Ergebnisse der Prähistorie und der Paläolinguistik konvergieren zu diesem Resultat. Man sollte sich aber nicht darauf einlassen, die Sprache der Träger jenes Prozesses näher bestimmen zu wollen, schon gar nicht mit einem Namen, der erst für ein historisches Ethnos Geltung hat. Die zähe Reaktion der Belverde-Cetona-Kultur auf die Einflüsse des Superstrats sollte auch zur Vorsicht gegenüber einem dogmatischen Indogermanismus mahnen. Ebensowenig wie zum Beispiel die Diffusion des etruskischen Alphabets zu den Umbrern und den Venetern und von dort weiter bis ins Alpengebiet eine Ausbreitung der etruskischen Sprache bedeutet, besagt der Einfluß der Urnenfelderkultur ohne weiteres schon die Übernahme der Sprache jener Kulturträger durch das Substrat.

Es wurde in diesem Abschnitt eingehender, aber immer noch nur in den gröbsten Umrissen, auf die Probleme der Urgeschichte Etruriens eingegangen, um deutlich zu machen, daß von diesen ältesten Grundlagen her jede Theorie einer absoluten „Autochthonie der Etrusker" oder einer „Einwanderung der Etrusker" von Voraussetzungen ausgeht, die in der realen Wirklichkeit nicht existieren. Vertrautheit mit den Methoden und den Ergebnissen — aber auch mit dem Primärmaterial — der prähistorischen Forschungen sind heute auch für den Etruskologen eine unabdingbare Notwendigkeit.

## VI. ETRUSKOLOGIE UND GESCHICHTE

Von der inneren Geschichte Etruriens wissen wir aus direkten Zeugnissen kaum mehr denn nichts. Wir wissen nicht einmal mit Sicherheit, welche die Grenzen Etruriens im Laufe seiner Geschichte waren. Verhältnismäßig gut bekannt sind uns nur die Grenzen jener *Etruria*, die nach der Verwaltungsreform des Augustus die *Regio VII Italiae* bildete.

Vor dem Bundesgenossenkrieg scheint der nördlichste Punkt Etruriens am Tyrrhenischen Meer das etwa 5 km nördlich von der Mündung des Caecina gelegene *Ad fines* der Itinerarien gewesen zu sein. Von hier aus ging die Grenze nordöstlich an den Arno, den sie etwa 30 km östlich von seiner Mündung erreichte. Etwas nördlich von Fiesole folgte sie anscheinend dem Apennin und weiter dem Tiber bis zu seiner Mündung. An diese ursprüngliche Grenzziehung am Tiber erinnert noch in der Kaiserzeit der Name der *Ripa Veientana* des rechten Tiberufers bei Rom.

Die Grenzen der einzelnen Stadtstaaten, der „*populi Etruriae*", sind kaum mit Sicherheit festzustellen. Alle Versuche, sie kartographisch zu erfassen, können nur zu annähernden Resultaten führen. Es sind zwar Grenzsteine gefunden worden; diese reichen aber nicht aus, um die Grenzen auch nur eines der Stadtstaaten ziehen zu können (58). Neben der Benützung der zum Teil weit in das frühe Mittelalter zurückführenden Angaben über die Grenzen der kirchlichen Diözesen in der Toskana (siehe E. Repetti, ›Dizionario storico-geografico della Toscana‹) und in Umbrien ist der einzige Weg, die Grenzen der Stadtstaaten annähernd zu ermitteln, die Beobachtung und Feststellung des epigraphischen, sprachlichen und künstlerischen (stilistischen) Einflusses der großen Städte, nach deren Namen die *populi* genannt werden. Ein ungefähres Bild gibt das Kärtchen ›Kernland der Etrusker‹ in Westermanns ›Atlas zur Weltgeschichte‹, I, 25 und die nach eigenen Untersuchungen modifizierte Karte I in (85).

Es hat nie einen *gesamtetruskischen* Staat gegeben. Was die antiken Schriftsteller „Etrurien" nennen, war ein loser, mehr religiös und kulturell als politisch zusammengefaßter Bund von souveränen Polis-

Staaten (6; 20), an deren Spitze in der älteren Zeit Könige *(lucumones)*, später patrizische Beamte standen (Form der Adelsrepublik). Erst zu Beginn des 3. Jahrhunderts erlangten nach einem harten Ständekampf die Gemeinen bürgerliche Rechte und nahmen Anteil an der Verwaltung der Stadtstaaten (siehe unten Volsinii 265/4 v. Chr.). Es gab schon sehr früh — im 7. oder 6. Jahrhundert — eine etruskische *Expansion* nach Norden in die Padana; ob und wieweit die dortigen etruskischen Siedlungen mit dem Mutterland politisch verbunden waren, entzieht sich unserer Kenntnis. Bei der etruskischen Ausdehnung nach dem Süden, nach Latium und in die Kampania, hat es sich — etwa zwischen 550 und 450 v. Chr. — allem Anschein nach nur um ein kulturelles, nicht ein politisches Dominium gehandelt. Das gleiche gilt für Rom unter der Herrschaft einer etruskischen Dynastie aus Tarquinii (etwa 600—500 v. Chr.) und noch mehr für den *Ager Faliscus,* der, wie die historischen Quellen und die archäologischen und epigraphischen Gegebenheiten zeigen, zwar ein treuer Verbündeter der Etrusker (erst Vejis, dann Tarquiniis) war, aber selbständig handeln konnte.

Das wenige, was wir von der Geschichte der Etrusker wissen, ist heute noch vielfach von alten und weniger alten Historikermärchen verdunkelt. Von den Etruskern heißt es immer, ihr Auftauchen in Etrurien sei rätselhaft. Um 250 v. Chr. von den Römern nach langen Kämpfen vollständig unterworfen und nach dem Bürgerkrieg von Sulla fast vollständig ausgerottet, sollen sie wieder aus der Geschichte verschwunden sein. Im übrigen erzählt man etwas von einigen etruskischen Königen in Rom, von der restlosen Zerstörung der mächtigen Nachbarstadt Veji, von der Loyalität der unterworfenen Etrusker im 2. Punischen Krieg und ihrem angeblich allgemeinen Aufstand gegen Rom im 2. Jahr des Bundesgenossenkrieges. Dies ist so ungefähr die gängige Anschauung über die etruskische Geschichte bis hinauf in gebildete Kreise. Ein mehr oder weniger sonderbares Sammelsurium am Rande der römischen Geschichte, tatsächlich aber ein System von einmal behaupteten und dann immer wieder nachgeschriebenen und nacherzählten Geschichtsklitterungen.

Schon das republikanische Rom hat die Geschichte der einstmaligen Lehrmeisterin und großen Rivalin totgeschwiegen oder, wo dies nicht ging (weil man selbst dabei beteiligt war), verfälscht. Die romantisch-patriotische Geschichtsschreibung der augusteischen Zeit hat dann dieses entstellte Bild kanonisiert und zum Dogma erhoben.

Das aufmerksame und vergleichende Studium der lateinischen und griechischen Quellen, angespornt durch die Erkenntnisse aus der Archäologie und der Epigraphik, findet aber immer wieder Stellen, an denen die Wahrheit durchschimmert oder zumindest aus den überlieferten Konsequenzen der tatsächlichen Ereignisse mit großer Sicherheit rekonstruiert werden kann. Es braucht hier nicht wiederholt zu werden, was schon oben über die Probleme der etruskischen Volkwerdung ausgeführt wurde. Im übrigen aber sieht Etruriens Geschichte — immer nur in den Kontakten mit den Nachbarn erfaßbar — in den gröbsten Umrissen etwa so aus:

Auf Könige in den einzelnen, voneinander unabhängigen Stadtstaaten folgt eine Adelsoligarchie. Diese Entwicklung ist im allgemeinen zu Beginn des 5. Jahrhunderts abgeschlossen. Genauso ist es in Rom, das als Stadt eine etruskische Schöpfung mit einer aus Südetrurien stammenden Dynastie war. Das benachbarte etruskische *Caere* war zu allen Zeiten eng mit Rom verbunden. Durch seine wohlwollende Neutralität ermöglicht es dem aufstrebenden Rom, *Veji*, den Konkurrenten am Tiber, niederzuringen. Das Faktum ist sicher, denn aus dem Vejantaner Staatsgebiet wurden im Jahre 389 v. Chr. die vier neuen Tribus *Arnensis, Tromentina, Stellatina* und *Sabatina* gebildet. Die zehnjährige Dauer der Belagerung hingegen gehört wohl in das Gebiet der heroischen Legende (Parallele zum Kampf um Troja); die Geschichte der Überrumpelung durch (tatsächlich existierende) Stollen unter der Stadt und die Verbindung des Ereignisses mit dem nicht (mehr) funktionierenden Emissar des Albanersees dürften jedoch einen historischen Kern haben, um dessen Klarlegung man sich einmal bemühen sollte.

Daß Veji damals nicht zerstört wurde, sondern während und unmittelbar nach der Gallierkatastrophe der achtziger Jahre des 4. Jahrhunderts einem Teil der römischen Bevölkerung als Zufluchtsort diente (wie Caere für die Heiligtümer Roms und die Vestalinnen), geht auch aus Livius eindeutig hervor.

Die enge Freundschaft mit Caere — das nach Livius für Rom als „Universitätsstadt" fungierte — führte schließlich zu einer engen politischen Verbindung (Entwicklung der *civitas sine suffragii iure*) (13; 16; 23; 30; 103; 109). Diese kostete allerdings Caere im 3. Jahrhundert die Hälfte seines Territoriums, vor allem die meerwärts gelegenen Teile. Damit beginnt Rom die planmäßige Besetzung der tyrrhenischen Küste hinauf bis fast zur Mündung des Ombrone.

Schon der Eintritt Etruriens in den Samnitenkrieg bedeutete eine wichtige Zäsur in der Entwicklung der politischen Beziehungen zwischen Rom und Etrurien, das nach den uns vorliegenden Quellen jetzt zum ersten Male in geschlossener Front auftritt und daneben eine Politik des Bündnisses mit den Gegnern Roms, den Kelten, Umbrern und Samniten, verfolgt. Die Errichtung der von den Römern so gefürchteten zweiten Front, der großen antirömischen Koalition im Norden, ist das Werk der Etrusker, die hierbei als diplomatische Organisatoren und als Geldgeber fungieren (88). Der Zusammenbruch dieser Koalition sowie die Ereignisse in Vulci und Volsinii im ersten Drittel des 3. Jahrhunderts nötigen die etruskischen Stadtstaaten, in das Bundesgenossensystem Roms einzutreten. Während die vielfachen, besonders im vierten und noch zu Beginn des dritten Jahrhunderts zwischen Rom und den etruskischen *populi* geschlossenen *indutiae* überhaupt nichts an der politischen Souveränität dieser Staaten änderten, brachten die *foedera*, die Bundesgenossenverträge, die *Aufgabe der Wehrhoheit* der etruskischen Stadtstaaten mit sich. Das Bündnis mit Rom, wenn auch durch das Gewicht Roms mehr oder weniger erzwungen, bedeutet jedoch nur den Eintritt Etruriens in den *italischen Bund*, Wehrgemeinschaft unter Roms Führung, nicht aber eine politische Unterwerfung unter Rom oder den Verlust der Souveränität (90).

Was die römischen und griechischen Quellen von jenem „Sklavenaufstand" in Volsinii (265/64 v. Chr.) erzählen, ist ein verfälschter Bericht über den Ständekampf, der sich in Etrurien zwischen dem tyrrheno-etruskischen Adel (der zum Mitläufer des patrizischen Rom geworden war) und den größtenteils italischen Hintersassen abspielte, und bei dem es — wie seinerzeit in Rom — um *civitas, conubium* und *commercium* ging. Genauso verhält es sich mit dem „Aufstand" in Arezzo (302 v. Chr.), bei dem die Cilnier, die Vorfahren des Maecenas, vertrieben und dann von den Römern mit Waffengewalt zurückgeführt wurden.

Seit dem Beginn des 3. Jahrhunderts führen die militärischen Auseinandersetzungen Roms mit den süd- und mitteletrurischen Staaten zur sukzessiven Abtretung der tyrrhenischen Küste, an der mehrere Bürgerkolonien angelegt werden, und zur Besetzung und Annexion großer Teile von Vulci, in denen römische und latinische Kolonien bzw. römische Präfekturen eingerichtet wurden. Auf diese Gründungen geht zurück, daß schließlich das römische Städtewesen in Süd- und

Mitteletrurien viel dichter ist als jenes in Nord- und Nordost-
etrurien.

Nach der Schlacht am Trasimenersee 217 v. Chr. drohte ein Abfall
von ganz Etrurien, das, wie gesagt, spätestens seit der Mitte des
3. Jahrhunderts der italischen Wehrgemeinschaft unter Roms Führung
angehörte. Rom konnte das Ärgste nur durch die militärische Besetzung von Etrurien und durch Kriegsverbrecherprozesse verhüten,
die sich jahrelang, bis nach dem Ende des 2. Punischen Krieges hin-
zogen. Der so oft erwähnte „freiwillige Beitrag der etruskischen
Bundesgenossen" zu Scipios Flottenrüstung von 205 v. Chr. — das
Paradebeispiel für die angebliche Loyalität der Etrusker bei fast allen
Autoren bis heute — war eine Zwangsabgabe der schuldig befundenen
Städte, besonders Arezzos, das schon 208 eine römische Besatzung
in Legionsstärke aufnehmen und Geiseln stellen mußte. Den wahren
Charakter dieses Flottenrüstungsbeitrages hat übrigens schon Mommsen
richtig erkannt, was jedoch von den wenigsten Historikern zur Kennt-
nis genommen wurde (87).

Bis zum Beginn des 1. Jahrhunderts v. Chr. existiert weiter ein
Konglomerat von mehr oder weniger souveränen — aber jedenfalls
völkerrechtlich souveränen — Polisstaaten (es drängt sich hier in
staats- und völkerrechtlicher Hinsicht der Vergleich mit modernen
Satellitenstaaten auf). Eine bei Telamon an der tyrrhenischen Küste
beginnende, über den Monte Amiata und Volsinii zum Tiber führende
Linie teilt zu dieser Zeit Etrurien praktisch in zwei Teile. Der südliche
Teil ist von römischen bzw. latinischen Kolonien durchsetzt. Ihn trennt
ein breiter Riegel, gebildet von den Bürgerkolonien *Heba* (Magliano
in Toscana) und *Saturnia* und der Präfektur *Statonia*, vom nördlichen
Teil. Dieser bildet einen geschlossenen Block, in dem Rom bis zum
Bundesgenossenkrieg nicht Fuß fassen kann. Rom hat nur den militärischen Schutz dieses Gebietes, das im Nordwesten durch die latinische Kolonie *Luca* und die Bürgerkolonie *Luna* gegen die Einfälle
der räuberischen Ligurer abgeschirmt wird.

Das treibende Element, das Etrurien seit dem Beginn des 3. Jahrhunderts in zunehmendem Maße zur italischen Gemeinschaft führt,
sind die *Italiker* Etruriens, im wesentlichen Umbrer, von denen Plinius
(*n. h.* III 113) sagt, daß dreihundert ihrer *oppida* einst von den
Tuskern erobert wurden. Sie bilden die Hauptmasse des etruskischen
Volkes. Etwa seit dem 10. Jahrhundert waren sie von den Tyrrhenern,
den Trägern einer hochentwickelten Stadtkultur, beherrscht. Ihre

eigene Kultur, die bäuerliche Kultur des sogenannten „Protovillanova"
und des entwickelten „Villanova" (mit dem Substrat der Belverde-
Cetona-Kultur) floß, wie schon gesagt wurde, mit der orientalisierenden Kultur der Tyrrhener zur „etruskischen" Kultur zusammen. Die
Berichte über die Ereignisse in Volsinii (265/4 v. Chr.) lassen erkennen,
daß ihre rechtliche und soziale Stellung weitgehend jener der Penesten
Thessaliens oder der Heloten und Periöken glich (36; 53). Nach einem
Ständekampf, der ihnen das etruskische Bürgerrecht mit der politischen
und sozialen Gleichberechtigung eintrug, gewannen sie in den Stadt-
republiken immer mehr die effektive Führung. Als Träger und Pfleger
des etruskischen Kulturgutes fühlten sie sich als Etrusker; sie waren
dabei Freunde der Italiker, jedoch — im Gegensatz zum alten Geburts-
adel Etruriens — Gegner der herrschenden Kreise Roms. In Hinsicht
auf dieses „italische" Etruskertum gilt die treffende Feststellung
Altheims (6, 35): „Etrusker war man ursprünglich weniger durch
Abstammung als dadurch, daß man es zu sein wünschte. Falisker und
*Camertes Umbri* blieben, was sie von Geburt waren. Aber durch ihren
politischen Willen (gleichgültig, ob er sich auf Zwang oder Freiheit,
Überredung oder Entschluß gründete) wurden sie daneben oder darüber hinaus zu Etruskern."

Während sich *Arretium*, *Clusium* (das früher *Camars* geheißen
hatte) und *Volsinii* im Sommer des Jahres 90 v. Chr. dem Italikerauf-
stand anschlossen, nahmen die übrigen Gemeinden Etruriens das zu
Ende jenes Jahres durch die *Lex Iulia* angebotene römische Bürgerrecht
an. Die drei aufständischen Städte erhielten es erst einige Jahre später
zusammen mit den anderen *dediticii* des Bundesgenossenkrieges.

In den Krisen und Kämpfen nach dem Bundesgenossenkrieg, die das
Ende der römischen Republik herbeiführten, wurde Etrurien zum
immer stärkeren Hort der Partei der Popularen. Es waren besonders
Marius und Lepidus, welche die Etrusker für die Partei der vom Senat
Unterdrückten zu gewinnen verstanden. Gleichen Erfolg hatte Ser-
torius. Besonders verbunden war den Popularen die Bevölkerung von
Mittel- und Nordetrurien. Hier war das italische Element im Etrusker-
tum von jeher stärker als im Süden, wo die reichen tyrrhenischen
Städte die Ausgangspunkte der Etruskisierung des Binnenlandes dar-
stellten. Der politische Einfluß jener Städte — und damit des alten
Adels — schwand in dem Maße, wie sich das feudale Herrentum der
Tyrrhener, in seinem Handelswesen wirtschaftlich weniger stabil als
die weiten Agrargebiete des Nordens, zu Konzessionen an das Volk

bequemen mußte, und ihr Gebiet mehr und mehr von römischen Kolonien durchsetzt wurde. So sind schon zu Beginn des 3. Jahrhunderts v. Chr. die politisch maßgeblichen Städte Etruriens nicht mehr Tarquinii, Vulci und Volsinii, sondern die Städte des Nordens und Nordostens, Volaterrae, Clusium, Perusia, Cortona und Arretium. Auch sie sind nach Sprache und Kultur etruskisch, stellen aber ein Etruskertum stark italischer Prägung dar, was besonders im Namenmaterial und in der lokalen Kunstübung, aber auch in einzelnen sprachlichen Erscheinungen zum Ausdruck kommt (96, *389, E*).

Man tut Sulla unrecht, wenn man ihn als den „Etruskerschlächter" bezeichnet. Wohl wollte er Etrurien in einer gewaltigen Zangenbewegung niederwerfen, weil es seit der Landung des Marius bei Telamon an der tyrrhenischen Küste das ständige Rekrutierungsgebiet und zeitweils sogar das Organisations- und Aktionszentrum der Popularenpartei war. Dieser Plan Sullas scheiterte aber. Nach seinem blutigen Sieg vor den Toren Roms verhängte er über verschiedene Städte Etruriens die Gesamtkonfiskation zugunsten seiner Helfer und Veteranen. Sein Versuch aber, den Etruskern das vor kurzem erworbene römische Bürgerrecht zu nehmen und sie auf eine niedrigere Rechtsstellung (ein eingeschränktes latinisches Recht) hinabzudrücken, wurde noch zu seinen Lebzeiten von Cicero vor Gericht mit Erfolg als ungültig angefochten.

Ausgerottet hat Sulla weite Striche Kampaniens (das sich seither nicht mehr erholte), nicht Etruriens. Dieses konnte wohl gebeugt, aber nicht gebrochen werden.

Schon längst hätte den Verfechtern der die Etrusker betreffenden Ausrottungsthese ein Umstand zu denken geben müssen, der sowohl aus der etruskischen wie aus der lateinischen Epigraphik Etruriens ersichtlich ist. Die Hauptmasse des Inschriftenmaterials in etruskischer Sprache und mit etruskischen Namen stammt aus einer Zeit, da es nach jener irrigen Anschauung gar keine Etrusker mehr gab. Andererseits muß doch auffallen, daß in Mittel- und Nordetrurien die frühesten lateinischen Inschriften ausnahmslos dem 1. Jahrhundert v. Chr. angehören. An zahlreichen Beispielen ist ersichtlich, daß es Jahrzehnte dauerte, bis das etruskische Namensystem mit Metronymikon und weiblichem Pränomen vom römischen System der *tria nomina* bzw. der römischen Formel für Frauennamen abgelöst war. Diese Entwicklung ist erst in augusteischer Zeit abgeschlossen. In schärfstem Gegensatz dazu steht Caere (das zwischen 353 und 338 v. Chr. die *civitas sine suffragio* erhalten hatte), wo die Romanisierung schon um 300 v. Chr. in Fluß kommt. Schließlich zeigt das lateinische epigraphische Material der Beamteninschriften der *Regio VII* (CIL XI) mit seiner genauen Unterscheidung von *Duumvirat* — dies nur bei Besitz des römischen Bürgerrechts *vor* dem Bundesgenossenkrieg — und *Quattuorvirat,* daß die etruskischen Gemeinden bis 90 v. Chr. im wesentlichen den Status von souveränen Bundesgenossen, nicht Untertanen Roms hatten (85, *11 ff.*). Schließlich können die etruskischen, nur oberflächlich latinisierten Namen in den Inschriften des 1. Jahrhunderts n. Chr. (und noch weiterhin!) natürlich auch nicht von ausgerotteten Etruskern stammen. Ganz im Gegenteil: literarische, epigraphische und archäologische Zeugnisse deuten auf eine etruskische Renaissance in der frühen Kaiserzeit, besonders unter Claudius hin. Zweifellos gehen auf die verlorenen 20 Bücher ›Tyrrhenika‹ dieses Kaisers viele der bei Tacitus, Plinius d. Ä. und anderen Autoren verstreuten Nachrichten zur etruskischen Geschichte zurück. Von einem besonderen Interesse an Etrurien zeugt auch die Reorganisation ehemals etruskischer Bundestitel *(aedilis Etruriae* und *praetor Etruriae XV populorum)* durch den Kaiser Hadrian (65, *82 ff.*), der selber den Titel eines *praetor Etruriae* übernahm (SHA Hadr. 19, 1).

Das Studium der Entlassungslisten der Prätorianergarde des 1./2. Jahrhunderts n. Chr. beweist die Angabe des Tacitus (Ann. IV 5), daß damals Etrurien und Umbrien das Hauptrekrutierungsgebiet für das Kaiserheer waren. Die epigraphischen Zeugnisse lassen uns erkennen, daß in der Kaisergarde besonders die Söhne aus den besseren Familien der Landstädte dienten und nach ihrer ehrenvollen Entlassung daheim wichtige öffentliche Ämter bekleideten. Daß es sich bei den allermeisten von ihnen um in Etrurien eingesessene, nicht dorthin verpflanzte Römer handelt, zeigen wieder die latinisierten etruskischen Familiennamen, deren etruskische Archetypen uns größtenteils belegt sind. In den Familiengräbern des 1. Jahrhunderts v. Chr., besonders in Chiusi und Perugia, kann der Prozeß der sprachlichen Romanisierung Etruriens gut verfolgt werden. Er setzt hier nicht vor dem 1. Jahrhundert ein. Die so häufigen Gräber aus der Zeit, da Etrurien schon römisch war, zeigen ein reiches kulturelles, nationales Eigenleben.

In den zwanziger Jahren *nach* Chr. verschwindet das Etruskische aus den öffentlichen Dokumenten vollständig. Wie lange es noch gesprochen wurde, entzieht sich unserer Kenntnis. Wir müssen jedenfalls zwischen dem Etruskischen als lebendiger Volkssprache und dem

Etruskischen als Sakralsprache unterscheiden. Manches deutet darauf hin, daß in bestimmten Familien und bei manchen Gelehrten das Etruskische noch in der frühen Kaiserzeit bekannt war. Vielleicht hatte auch der Kaiser Claudius, der ja über die Etrusker schrieb, gewisse Kenntnisse der Sprache. Aus einer Notiz bei Gellius (N. A. XI 7,3 f.) könnte man entnehmen, daß man noch um die Mitte des 2. Jahrhunderts n. Chr. etwas vom Etruskischen — als einer „ausgefallenen" Sprache wie das Keltische — wußte. Gellius erzählt ein persönliches Erlebnis: *Romae nobis praesentibus vetus celebratusque homo in causis, sed repentina et quasi tumultuaria doctrina praeditus, cum apud praefectum urbi verba faceret et dicere vellet inopi quendam miseroque victu vivere et furfureum panem esitare vinumque eructum et fetidum potare „hic" inquit „eques Romanus apludam edit et flocces bibit". Aspexerunt omnes, qui aderant, alius alium, primo tristiores turbato et requirente voltu, quidnam illud utriusque verbi foret; post deinde quasi nescio quid Tusce aut Gallice dixisset, universi riserunt.*

Was das Etruskische als Sakralsprache betrifft, ist wohl anzunehmen, daß im *collegium LX haruspicum*, das ja bis in die Zeit des Theodosius bestand, und in ähnlichen Kreisen die Sprache im Kult gebraucht wurde. Wieweit sie dabei — besonders später — noch *verstanden* wurde, läßt sich natürlich nicht sagen. Es wird wohl so gegangen sein wie mit der Sprache des *carmen Saliare*. Eines der spätesten Zeugnisse für die Sprache ist die Stelle bei Zosimus (V 41), wo zu 408 n. Chr. berichtet wird, etruskische Blitzpriester *(fulguratores)* hätten sich erbötig gemacht, durch Gebet zur Gottheit und durch das Erregen von Blitzen nach der Praxis der Väter das Heer des Alarich, das Rom bedrohte, zu verjagen.

Da es nach meinem Dafürhalten ebenfalls eine Aufgabe für die Zukunft ist, auch gewisse Punkte der *römischen* Geschichte von der Etruskologie her zu klären, soll in dieser ›Einführung‹ auch darüber etwas gesagt werden. In der Zusammenschau von Überlieferung, Epigraphik und Archäologie läßt sich nicht nur Verschiedenes aus der Geschichte Etruriens zurückgewinnen, sondern auch etwas Licht in die „dunklen Jahrhunderte" der römischen Geschichte bringen. Es wurde schon oben daran erinnert, daß Rom als Stadt mit den etruskischen Königen beginnt, die nach der Tradition etwa ein Jahrhundert (± 616 bis 509) die Stadt regieren. Mit der Vertreibung des Tarquinius Superbus und der Errichtung der römischen Republik durch Brutus endet nach der annalistischen Tradition die Herrschaft und Anwesenheit der Etrusker in Rom. Im großen und ganzen glauben dies auch noch manche moderne Historiker, falls sie nicht die gesamte „römische Geschichte" des 7.—5. Jahrhunderts als Fabel ablehnen. Und doch läßt sich durch aufmerksame Quellenanalyse und Prüfung des Namenmaterials nachweisen, daß hier eine systematische Geschichtsklitterung *ad maiorem Urbis gloriam* vorliegt. Die Vertreibung der Könige ist nicht identisch mit dem Aufhören des politischen Einflusses der Etrusker in Rom. Überdies wurden die Tarquinier nicht von den Römern vertrieben, sondern letztlich von dem etruskischen König Porsenna, der — wie Tacitus und Plinius bezeugen — Rom zwei Jahre lang besetzt hielt. Dies wird von den Annalisten und ihren Nachfolgern verschwiegen. Nach seiner Niederlage gegen den Aricinerbund der Latiner, die den Tarquinius Superbus unterstützten, ließ er dem römischen Patriziat freie Hand. Der maßgebende etruskische Einfluß auf den stadtrömischen Adel endet erst um 474 v. Chr., als Etrurien in der Seeschlacht vor Kyme seine Hegemoniestellung verloren hatte (4; 5; 19).

Wir haben für diese Zeit ein ganz sicheres Datum: die Einweihung des von den Tarquiniern erbauten und von etruskischen Künstlern ausgeschmückten kapitolinischen Tempels am 13. September 509 v. Chr. Mit diesem Datum beginnen auch die Konsularfasten, und an diesem Tage hatte der oberste Beamte — damals der *praetor maximus* — den Jahresnagel einzuschlagen. Diese Einweihung geschah bestimmt noch zur Zeit der Tarquinier, wurde aber durch die Ansetzung des Regifugiums knapp vor diesem Datum aus Prestigegründen zu einem der ersten Ereignisse der eben gegründeten römischen Republik gemacht (19).

Die Vertreibung der Tarquinier steht in einer Reihe mit der Abschaffung des Königtums in den etruskischen Staaten. Wie dort, treten auch in Rom Jahresbeamte an die Spitze des Gemeinwesens. Man übersieht aber immer, daß die Väter der römischen Republik, die ersten Oberbeamten, die genannt werden, alles andere als „echte Römer" waren. Iunius Brutus entstammte wohl der plebeischen Familie Iunia; seine Mutter jedoch war eine Etruskerin gewesen, die Schwester des Königs Tarquinius Superbus. Sein erster Kollege im Amt war überhaupt ein echter Etrusker, Lucius Tarquinius, der die Sekundogenitur von Collatia innehatte (daher das Cognomen *Collatinus*). Wahrscheinlich auf die Plebs gestützt, hat dieser Tarquinier zusammen mit dem

Halb-Tarquinier Brutus das Herrscherhaus gestürzt und dann eine Adelsrepublik eingerichtet. Dabei ist die Rolle des Porsenna, bei dem die Tradition bezüglich seines Herrschaftsgebietes — Veji, Vulci oder Chiusi — zersplittert ist, alles andere als klar. Wie war es eigentlich mit der zweijährigen Besetzung Roms, mit dem Friedensvertrag, der den Römern den Gebrauch des Eisens nur für die Zwecke des Ackerbaus erlaubte? In welcher Beziehung zu Porsenna (oder in welchem Abhängigkeitsverhältnis) standen die noch ein Vierteljahrhundert lang feststellbaren „etruskischen" Konsuln? Wer war eigentlich dieser Porsenna, dessen von der Annalistik überlieferter Name gar kein Name zu sein scheint, sondern eine adjektivische Ableitung von dem etruskischen Amstitel *purϑ*, der sicher nicht „König" bedeutet? Stand er als „Diktator" oder „Tyrann" (im Sinne der „guten 1. Generation" wie ein Kypselos oder ein Peisistratos) schon außerhalb der Sphäre des sakralen Königtums?

Die Annalistik hat den Schönheitsfehler, der in der Geburtsgeschichte der römischen Republik lag — der Ursprung im Zusammenhang mit einer Palastverschwörung unter den Tarquiniern und von Gnaden Porsennas, des „guten Königs" —, in moralisierend-dramatischer Art (nach Art des hellenistischen Romans) beseitigt. Kurz nach der Übernahme des Amtes, so wird erzählt, mußte Tarquinius Collatinus ehrenvoll zurücktreten, weil man auf einmal draufkam, daß ein Tarquinier als republikanischer Oberbeamter denn doch untragbar war. Brutus aber, den halbtarquinischen Vater dieser Republik, ließ man noch 509 im Kampf gegen Arruns Tarquinius, einen Sohn des letzten Königs, fallen. Dem Collatinus war angeblich Publius Valerius Publicola gefolgt, dem gefallenen Brutus aber Spurius Lucretius, der aber nach wenigen Tagen starb. An seine Stelle trat Marcus Horatius Pulvillus, der den kapitolinischen Tempel einweihte. Fünf Konsuln gleich im ersten Jahr der Republik! Hat der Annalist Valerius Antias, aus dem Livius schöpft, die beiden Konsuln des Jahres 449 v. Chr., Publius Valerius und Marcus Horatius, zurückdatiert?

Man konnte aber weder die Pontifikalchronik noch die mit ihr verbundenen Fasti von Grund auf fälschen. So blieb für das erste Vierteljahrhundert der Republik eine Reihe von Namen erhalten, die recht aufschlußreich sind. Da sind einmal die verschiedenen Persönlichkeiten mit dem Vornamen *Spurius*. Dieser bedeutet damals nicht, daß diese Leute Findelkinder waren oder von einem unbekannten Vater stammten. Sie waren un-ehelich nur in diesem Sinne, daß sie einer Ehe entstammten, in der nicht beide Partner das römische Bürgerrecht hatten. Da die hier von uns Gemeinten alle dem patrizischen Adel angehören, entstammen sie Ehen zwischen stadtrömischen und fremden Adeligen. Hierher gehört nicht nur Spurius Lucretius, der Amtsnachfolger des Brutus, sondern auch der bereits 508 als Militärtribun und Legat, 506 aber als Konsul genannte Spurius Larcius. Dessen Gentilname ist der latinisierte etruskische Familienname *Larcna*, den wir inschriftlich z. B. aus Orvieto kennen (TLE 246.273). Ebenso finden wir 508 als Militärtribunen und Legaten, 506 aber als Konsul den Patrizier Titus Herminius, der den etruskischen Familiennamen *Herm(e)na* (TLE 253.709), älter *Hirumina* (TLE 363), trägt. So sind also 506, vier Jahre nach der angeblichen Vertreibung der Etrusker, zwei aus etruskischem Adel stammende Männer die obersten Jahresbeamten Roms.

In diesen Kreis gehört auch P. Veturius Cicurinus, 509 als Prätor genannt, dessen Gentilname sich von etr. *Velthurna* (TLE 352) ableitet, dessen Cognomen aber ein mit lateinischer Endung versehenes etr. *Cicu* (TLE 524.534) ist. Im Jahre 499 erreicht ein Veturius Cicurinus das Konsulat.

Ein Halbetrusker ist der Mann, der 509 die Stelle des abgedankten Tarquinius Collatinus übernimmt, P. Valerius Publicola, der lange Zeit eine bedeutende Rolle spielt. Nach den Quellen ist er *Volusi filius*, Sohn des Volusius. Volusius ist aber der latinisierte etruskische Name *Velusna* (TLE 401; etr. *e* zwischen *v* und *l* wird im Lateinischen immer zu *o*, vgl. *Velimna* — Volumnius, *Veltha* — Volta, *Velcha* — Volca u. a.), das z. B. in Volaterrae epigraphisch belegt ist; die archaische Form *Velusina* findet sich schon auf dem „Aryballos Poupé" aus Caere (TLE² 939). Wahrscheinlich hat — noch zur Zeit der Regierung des Tarquinius Superbus — ein stadtrömischer Valerier den jungen etruskischen Adeligen adoptiert. Er ist dann 508, 507 und 504 Konsul.

Wieder finden wir im Jahre 504 einen Larcius (*Larcna*) als Legaten. Als Etrusker verrät sich auch der eine der Konsuln des Jahres 502, Opiter Verginius. Sein Familienname hat nichts mit lat. *virgo* zu tun, sondern ist das latinisierte etruskische Gentiliz *Vercna*, für das wir zahlreiche Belege aus Perugia haben, und das auch (als Name des Münzmeisters?) auf etruskischen Kupfermünzen des 3. Jahrhunderts vorkommt (Deecke, Efo II, 51, nr. 73 ab; Sambon Mai 75, nr. 127). Ein Titus Larcius (*Larcna*), wahrscheinlich der Legat von 504, ist 501 erst Konsul, dann Diktator; zwei Jahre später finden wir einen Veturius Cicurinus (s. o.) als Konsul. Im selben Jahr bekleidet T. Herminius, der Konsul von 501, die Stelle eines Legaten. T. Larcius, der Konsul von 501, hat dieses Amt neuerdings im Jahre 498 und ist (nach Dionys von Halikarnaß) auch wieder Diktator.

Diese ausführliche Liste aus dem ersten Jahrzehnt der römischen Republik möge genügen. Wir finden die *Larcna* und *Vercna* aber auch noch weiterhin. Einer der Konsuln von 487, C. Aquilius Tuscus, bezeichnet sich selbst mit seinem Cognomen als „Etrusker". Die etruskische Form seines Namens, *Acvilnas,* ist um die Mitte des 6. Jahrhunderts der Name des Dedikanten von zwei Oinochoai aus Ischia di Castro (TLE² 915 f.).

Wenn wir die Konsulate der fünfunddreißig Jahre zwischen 509 und 475 betrachten, finden wir, daß sechzehnmal (508, 507, 505—501, 499, 498, 496, 490, 487, 486, 479, 476) einer der beiden Konsuln aus etruskischem Geschlecht stammt, zweimal aber (506 und 494) dies für beide Konsuln zutrifft. Vielleicht hatte sich Porsenna wenigstens *einen* Etrusker als Konsul ausbedungen, als er Rom freigab. Man sieht aber auch, daß diese Regel immer mehr durchbrochen wurde. Erst 485 treten die Fabier, künftig die entschiedensten Gegenspieler des etruskischen Adels, in den Beamtenlisten Roms auf, und nun finden wir auch sechs Jahre lang keinen Konsul etruskischer Herkunft. Man ist versucht zu sagen, daß erst mit den Fabiern die Romanisierung der römischen Republik ins Rollen kam. Wir finden aber auch noch nach 474, dem Schicksalsjahr Etruriens, Patrizier etruskischer Abstammung in hohen römischen Staatsämtern. Konsul von 473 ist ein Verginius *(Vercna),* 461 finden wir zum ersten Mal einen Volumnius (etr. *Velimna,* in Perugia beheimatet) als Konsul, schließlich 454 einen Spurius *Tarpeius,* dessen Familienname nichts anderes ist als eine sabinisierte Variante von Tarquinius (etr. *Tarcna*).

Jetzt schon in den allgemeinen Zügen erkennbar, hebt sich immer mehr das wahre Bild der Geschichte Roms zur Zeit des Übergangs von der Monarchie zur Republik ab. Was Livius und Dionys von Halikarnaß erzählen, sind Vorgänge, die sich in Wirklichkeit auf einen Zeitraum von etwa 35 Jahren verteilen. Nach etwa hundert Jahren einer Königsherrschaft unter etruskischen Dynasten wird Rom gegen Ende des 6. Jahrhunderts eine Adelsrepublik, in der die seit der Königszeit in Rom ansässigen etruskischen Adeligen eine große Rolle spielen. Erst nach 474 übernimmt der latinische und sabinische Adel in immer stärker werdendem Ausmaß die Führung. Von einer „römischen" Republik im geläufigen Sinn ist vor dieser Zeit kaum zu sprechen.

In dieses Bild eines zwar republikanischen, im wesentlichen aber
noch immer etruskischen Rom fügen sich mühelos gewisse Ereignisse,
die bisher immer problematisch waren.

Da ist besonders der sogenannte 1. römisch-punische Vertrag, den
Polybius überliefert und auf 509 v. Chr. datiert. Er setzt aber Umstände voraus, die auf ein latinisches Bauern-Rom in keiner Weise
passen. Es schwindet aber jedes Mißverhältnis, wenn man — wie
neuerdings Hampel (RhMus. 101, 1958) — bei der Datierung am
Ausgang des 6. Jahrhunderts festhält, aber annimmt, daß Karthago
den Vertrag mit einem seefahrenden etruskischen Rom — sei es noch
unter dem letzten Tarquinierkönig, sei es mit der etruskischen Adelsrepublik — schloß (5, 350 ff.).

Ein zweites derartiges Ereignis ist der Sieg über die von den Tarquiniern gegen Rom aufgehetzten Latiner im Jahre 496 am Lacus
Regillus. Dieser Sieg konnte ohne die etruskische Adelsreiterei und die
überlegene etruskische Führung nicht zustande kommen. Beim Bericht
über diesen Kampf sieht man deutlich, wie von der pro Roma schrei-
benden Annalistik der etruskische Anteil weggefälscht wurde. Konsuln
waren in jenem Jahr A. Postumius Albus (vgl. das etruskische Gentiliz
Pustmina in TLE 22, 5. Jh.) und T. Verginius (Vercna); dieser hatte
den Beinamen Caeliomontanus nach seinem Wohnsitz auf dem Mons
Caelius, wo sich nach der Überlieferung in der Königszeit der etruskische Kriegsmann Caile Vipienna (Caelius Vibenna) festgesetzt hatte.
Mit diesem kam nach der Tradition sein Bruder Avile (Aulus). Daß es
sich hier nicht um erfundene Namen handelt, bezeugen die Fresken
in der Tomba François in Vulci, welche die Brüder Aule und Caile
Vipinas darstellen und beischriftlich nennen, sondern auch eine
Votivinschrift auf einem Buccherogefäß aus dem im Jahre 396 zer-
störten Tempel von Veji, die einen Avile Vipiiennas als Dedikanten
nennt (TLE 35). Als nun 496 das kollegiale Konsulat dem Notstands-
kommando aus Diktator und ihm unterstelltem Reiteroberst weichen
mußte, wurde Postumius Diktator, Reiteroberst aber T. Aebutius
Helva; die beiden sollen schon 499 dieses Ausnahmekommando inne-
gehabt haben. Aber auch in jenem Jahr waren ein Nichtetrusker —
eben der genannte Aebutius — und ein Etrusker, Veturius Cicu-
rius, Konsuln. In beiden Fällen wird der nichtetruskische Konsul
Diktator, der etruskische aber verschwindet aus dem Amt, ohne —
wie zu erwarten wäre — die Führung der Adelsreiterei zu über-
nehmen.

Aufschlußreich ist auch der Umstand, daß in jener Zeit öfter ein *praefectus urbi* genannt wird (an sich wohl etwas anderes als der so benannte Beamte der Kaiserzeit). Ein solcher soll 509, noch vom letzten König ernannt, Spurius Lucretius gewesen sein. 494 ist es ein T. Larcius *(Larcna)*, Konsul 501 und 498; im Jahre 487 bekleidet das städtische Amt wieder ein T. Larcius *(Larcna)*, der 506 und 490 Konsul, 488 Legat und 482 Interrex ist. Es scheint daraus hervorzugehen, daß die administrative Verwaltung der Stadt (vielleicht eine umfassende Ädilität) eine Domäne des etruskischen Stadtadels von Rom war. Dieses Amt entspricht wohl dem *marunu spurana*, dem „*Maro urbicus*", den wir aus Inschriften von *Norchia* (Staatsgebiet von Tarquinii) und *Sette Camini* (Gebiet von Volsinii) kennen (TLE 165.233).

Trotz der etruskischen Führung blieb aber die Sprache Roms das Lateinische; es hat ja auch das mit den Etruskern so stark kulturell und auch politisch verbundene Falerii das Faliskische bewahrt. Dies schließt nicht aus, daß man am Hof und in den Kreisen des Adels etruskisch sprach — genauso, wie man später in den besseren Kreisen sich des Griechischen bediente. Livius selbst bezeugt ja auch, daß einst die römische Jeunesse dorée in Caere studierte, wie später in Athen.

Die Präsenz des Etruskischen in Rom ist nun auch epigraphisch bezeugt; neben die zwei schon bekannten etruskischen Inschriften vom Abhang des Kapitols und von der Höhe des Palatin ist 1963 bei den Ausgrabungen im Tempelbezirk von S. Omobono auf dem *Forum Boarium* das Wandbruchstück eines Tongefäßes mit Inschrift getreten. Das Fundniveau liegt unterhalb des archaischen Tempels aus dem 6. Jahrhundert, der seinerseits unter einem Tempel aus republikanischer Zeit und der Kirche S. Omobono liegt. Das erhaltene Wort *uqnus* (dem wahrscheinlich andere vorausgingen oder folgten — es selber scheint aber vollständig zu sein) ist paläographisch bemerkenswert wegen des Koppa (Hinweis auf *\*uqunus?*) und des vierstrichigen Sigma, das für die Inschriften von Caere und des südetruskischen Hinterlandes bis zum *Ager Faliscus* — meist an Stelle von *ś* (San) — typisch ist. Der gesamte hocharchaische Duktus, der keramische Befund und die stratigraphische Analyse empfehlen eine Datierung zwischen dem Ende des 7. und dem Beginn des 6. Jahrhunderts. Damit gehört das Stück nicht nur zu den ältesten etruskischen Inschriften, sondern ist zur Zeit das älteste Schriftzeugnis überhaupt, das auf dem Boden Roms gefunden wurde (SE 33, 1965, 505 ff.). Bei dem Wort handelt es sich wahrscheinlich um das etruskische Gentiliz *Uqnu* mit dem auch in archaischen Titels häufigen „Nominativ-*s*". In jüngeren Inschriften sind die Gentilnamen *ucuna, ucna* belegt. Die legendäre Überlieferung kennt *Ocnus/Aucnus* als Namen eines etruskischen Städtegründers in der Padana. Mit der oben angegebenen Datierung fällt das Stück in die von der Tradition angegebene Zeit der Herrschaft des Tarquinius Priscus.

Wir haben bei diesen Fragen, welche die Geschichte Roms berühren, im Anschluß an eine Skizze der etruskischen Geschichte etwas ausgeholt, weil wir aus Erfahrung wissen, daß die Königszeit und der Übergang von der Monarchie zur Republik den Geschichtsunterricht mit so viel Problemen belasten, daß man leicht geneigt ist, die „Fabeln" mit ein paar Worten zur Seite zu schieben und erst dort richtig einzusetzen, wo man glaubt, sich auf festerem Boden zu befinden. An den Arbeiten zur Aufhellung jener Fragen, wie sie in den letzten Jahrzehnten besonders von Alföldi und Gjerstad (Early Rome I—III) vorangetrieben wurden, könnte sich auch die Etruskologie in stärkerem Maße beteiligen.

# VII. ETRUSKOLOGIE UND ARCHÄOLOGIE

Bei dem völligen Mangel etruskischer Geschichtsquellen hat die Archäologie Etruriens eine Rolle, die viel größer ist als jene, welche der klassischen, griechisch-römischen Archäologie zukommt. Diese kann sich einerseits auf die klassische Philologie stützen — man denke nur an den Wert der Angaben bei Plinius und Pausanias für die Identifizierung römischer und griechischer Kunstwerke —, andererseits aber kann sie kontrollieren, ob und wieweit die literarische Überlieferung zutrifft. Nur das zweite ist bei der etruskischen Archäologie der Fall; in gewissem Ausmaß wird die „Wissenschaft des Spatens" zur primären und einzigen Geschichtsquelle, ähnlich, wie solches auch bei der römischen Provinzialarchäologie eintritt.

So ist heute durch die verschiedenen Ausgrabungen erwiesen, daß die von antiken Autoren (Cato, Strabo, Servius) berichteten Überlieferungen über die Gründung bestimmter etruskischer Städte durch griechische Heroen (Ocnus, Corythus, Odysseus) jedes historische Fundament entbehren und somit nicht einmal Sagen, sondern reine Erdichtung sind. Weder in Caere noch in Perugia oder Cortona noch sonstwo konnte die geringste Spur einer griechischen Frühbesiedlung gefunden werden.

Dagegen läßt sich durch die Nekropolen der „Villanova"-Kultur bei fast allen bedeutenden etruskischen Städten eine frühitalische — wohl umbrische, auf vorausgehenden „apenninischen" Wohnplätzen beruhende — Vorbesiedlung nachweisen. Dies stimmt bestens mit der Bemerkung des älteren Plinius überein, daß die Tusker den Umbrern an die dreihundert Oppida entrissen hätten (n. h. III 113). Es ist also nichts mit einer frühgriechischen oder „pelasgischen" Vorbesiedlung Etruriens. Was aber gefunden wurde und was Jahr um Jahr aus dem Boden herauskommt, ist ein reiches, noch lange nicht erschöpfend ausgewertetes Material zur Kultur- und Kunstgeschichte Etruriens, zur Wirtschaftsgeschichte und nicht selten auch zur politischen Geschichte. Zu letzterem einige Beispiele:

Nach dem Vergilkommentator Servius war der kleine Fluß *Minio* (Mignone) die Grenze zwischen den Stadtstaaten Caere und Tarquinii.

Nördlich von dieser Grenze liegt das Landstädtchen *Blera* (Bieda), das vor dem Bundesgenossenkrieg (91/90 v. Chr.) unter Tarquinii stand. Die Anlage und die Ausstattung der älteren Gräber von Blera zeigt aber, daß die Gegend wenigstens im 5. Jahrhundert v. Chr. von Caere abhängig war (15, *61 f.*). Dasselbe ergibt sich für *Monterano*, ein kleines Zentrum am Mignone. Wäre dieser Fluß im 6. Jahrhundert die Grenze zwischen Caere und Tarquinii gewesen, dann hätte die Stadt Monterano (etr. *manturna?*) zum Gebiete von Caere gehört, die Nekropole aber, die auf dem Plateau zwischen zwei rechtsseitigen Zuflüssen des Mignone liegt, zum Gebiet von Tarquinii, was völlig undenkbar ist (37, 70).

1965 wurde eine Inschrift aus einem Grab in Tarquinia bekannt, das mit zwölf anderen gleichartigen Gräbern von Unbefugten entdeckt und nach Durchbohrung der Seitenwände betreten und ausgeraubt worden war. Alle diese Gräber, heute unter einem Acker am Rand eines Steinbruchs liegend, haben die gleiche Orientierung, anscheinend entlang einer alten Gräberstraße. Die Archäologen haben diese Gräber approximativ ins 2. Jahrhundert v. Chr. datiert. Es konnte nun nachgewiesen werden (86), daß in dieser Grabinschrift des im Alter von 106 Jahren verstorbenen *Larth Felsnas* Hannibal und Capua genannt werden. Wenn wir annehmen — und der im wesentlichen verständliche Inhalt der Inschrift erlaubt dies, ja scheint es nahezulegen —, daß der Mann Soldat war, unter Hannibal kämpfte und sich im Winter 216/15 beim Heer in Capua befand, dann mag er damals etwa 20 bis 25 Jahre alt gewesen und somit zwischen 240 und 235 v. Chr. geboren sein. Sein Todesjahr liegt dann zwischen 135 und 130 v. Chr., was die approximative archäologische Datierung des Grabes bestätigt und präzisiert.

Die Bedeutung der Inschrift liegt aber noch auf einem viel weiteren Gebiet. Sie bestätigt die Teilnahme von Etruskern am 2. Punischen Krieg im Heer des Hannibal (87) und trägt überdies zu dem Beweis bei, daß die bisher gängige Anschauung, Tarquinii (und das übrige Etrurien) sei bereits im Verlauf des 3. Jahrhunderts v. Chr. römisch geworden, unrichtig ist (85, *9 ff.*). Wäre Tarquinii seit der 2. Hälfte des 3. Jahrhunderts römisch gewesen, dann hätte es ein Bürger in Tarquinii wohl kaum wagen dürfen, darauf hinzuweisen, daß er in dem großen Krieg mit Roms mächtigstem Feind an dessen Seite gegen Rom gekämpft habe. In diesem Sinne kann das Grab mit seiner Inschrift als ein indirekter epigraphischer Beweis für die aus den litera-

rischen Quellen und der Gemeindeverfassung nach dem Bundesgenossenkrieg gezogenen Schlüsse angesehen werden.

Das archäologische Material aus Etrurien ist sehr umfangreich; aber
auch hier ist bis heute eine fatale Einseitigkeit zu beklagen. Der größte
Teil stammt aus Nekropolen und Einzelgräbern. Daran trägt nicht nur
das Interesse der früheren Ausgräber an Schatzfunden — am ehesten
sind solche in den Gräbern zu erwarten — die Schuld, sondern vor
allem der Umstand, daß die bedeutendsten der ehemaligen etruskischen
Städte in ununterbrochener Kontinuität bis heute bewohnt sind. Dies
gilt besonders für Mittel- und Nordetrurien. Wir können nur ahnen,
über welches aufschlußreiche Material wir hinwegschreiten, wenn wir
durch die Straßen und Gäßchen des Kernes von Chiusi, Perugia, Cortona gehen. Wir können natürlich diese Städte nicht abreißen — etwa
so, wie amerikanische Archäologen die Agora von Athen freigelegt
haben. So werden wir wohl nie erfahren — um nur ein Beispiel an-
zuführen —, was *Orvieto* in etruskischer Zeit war (es sei denn, daß
ein eindeutiger epigraphischer Fund Aufschluß gibt): das von Livius
in einem nicht ganz klaren Zusammenhang mit Volsinii genannte
*Salpinum* oder gar der Ort des *Fanum Voltumnae*, die Stelle der jähr-
lichen Zusammenkünfte und der Festspiele Etruriens, oder Alt-Volsinii
*(Volsinii Veteres)*. Falls Baffioni (14) recht hat, ist die Salpinum-
Hypothese überhaupt aufzugeben. Nach seiner beachtlichen Darlegung
sind die *Salpinates* von Livius V 31 f. eine sehr frühe Textverderbnis
für *Capenates* (schon 4./5. Jahrhundert). Alt-Volsinii war Orvieto
jedenfalls nicht; dieser bisher am meisten angenommenen Hypothese
ist durch die Grabungen von R. Bloch am Abhang oberhalb von Bolsena
mit der Aufdeckung der mächtigen etruskischen Mauern das Fundament entzogen (17). Durch sie wissen wir heute, daß Rom im Jahre
264 v. Chr. nur die Oberstadt von Volsinii zerstörte, die Unterstadt
aber zum neuen Siedlungskern machte. Dahin ist der späte griechische
Exzerptor Zonaras berichtigend zu interpretieren, der von einer
Umsiedlung spricht. Für Volsinii bezeugen die antiken Autoren
(Zonar. VIII 7) die starken, steilen Stadtmauern; Orvieto aber hatte
auch in etruskischer Zeit augenscheinlich keine und brauchte sie bei
seinen steilen Tuffwänden auch nicht, wenn wir von dem kurzen
ebenen Stück bei der *Porta Maggiore* am Westende der Stadt ab-
sehen. Man sollte ein in den letzten Jahren in dieser Gegend unter
dem Boden entdecktes Stück Mauer nicht dazu benützen, auf eine
Ummauerung der Stadt zu schließen und die alte, von Bloch

widerlegte Gleichung: Orvieto = *Volsinii Veteres* wieder hervorzuholen (16 a).

Die in den späten fünfziger Jahren begonnene Ausgrabung von *Rusellae* (60; 68) ist nach den Grabungen in *Marzabotto* (an der *Via Porretana* zwischen Bologna und Prato) (8) und *Tarquinia* (29; 73) ein wichtiger Schritt vorwärts. Weniger kann dies — gegen die Erwartung vieler — von den Ausgrabungen in *Spina* (3) gesagt werden. Diese, so wichtig und wertvoll sie im allgemeinen (und für die Kenntnis der attischen Keramik des 5. und 4. Jahrhunderts im besonderen) sind, brachten den Etruskologen in gewissem Sinn keine geringe Enttäuschung, da immer mehr zutage tritt, daß Spina weniger eine etruskische Stadt als vielmehr ein internationales Handelszentrum war. Die Keramik ist neben örtlicher Produktion zum größten Teil ein spezieller Direktimport aus Attika. Die Bronzen aber sind Import aus den metallurgischen Hauptzentralen Etruriens. Nicht einmal die in etruskischer Sprache abgefaßten Gefäßinschriften sind nach Namen und Namensystem typisch etruskisch. Im Gegenteil, sie verraten ein sehr starkes venetisches Volkselement, allerdings mit etruskischer Kulturtünche (80).

Für solche Enttäuschungen entschädigen aber andere Entdeckungen. So zum Beispiel das archaische Kuppelgrab, die *Tomba della Montagnola* von Quinto Fiorentino, 80 km vom Tyrrhenischen Meer entfernt und etwa 7 km nordwestlich von Florenz liegend. Dieses schon im Altertum beraubte Grab beweist mit seiner Anlage und den Resten der Beigaben in Gold, Bronze und Elfenbein im „orientalisierenden" Stil des 7. Jahrhunderts v. Chr. die etruskische Besiedlung des Florentiner Beckens schon für das 7./6. Jahrhundert v. Chr.

Dieses Grab mit Dromos, Seitenkammern und Tholos mit Zentralpfeiler (wie in Casal Marittima und Vetulonia) war, als es entdeckt und geöffnet wurde, fast zur Gänze mit Erde angefüllt. Diese stammte aber offensichtlich nicht von einer Einschwemmung im Lauf der Zeiten. Die Lösung des Rätsels war überraschend. Neben archaischen etruskischen Kritzeleien auf dem Gewände der Türen zu den Seitenkammern fanden sich auch punische. Hier hatten sich Soldaten der Armee des Hannibal verewigt, der 217 v. Chr. auf der etruskischen Straße von Felsina (Bologna) nach Faesulae (Fiesole) den Apennin überschritt und zwischen Faesulae und Florentia durch das an der Straße liegende Quinto Fiorentino kam. Daß er das ganze Gebiet plündern ließ, berichtet Livius. Nach dem Abzug der Soldateska haben die Ortsbewohner — wohl die Leute eines reichen etruskischen Gutsherren — wahrscheinlich das geplünderte Grab mit Erde ausgefüllt, um eine nochmalige Profanierung zu verhüten.

Dieses Grab zwingt uns, eine methodologisch notwendige Frage zu stellen: Ist die Datierung der Beisetzung, von der Reste der Beigaben im orientalisierenden Stil gefunden wurden, auch eine Datierung der Konstruktion des Tholosgrabes? Schon G. Caputo (24, *132 ff.*) hat diese Frage gestellt. Ist das Grab nicht älter? Seine „mykenischen" Züge sind nicht zu übersehen. Haben wir es bei dem zum Grab gehörigen Wohnplatz mit einem verlassenen Außen- oder Randposten des einstigen mykenischen Großreiches zu tun, und wurde das Grab später von den Etruskern wiederbenützt? Und gälte dasselbe auch für die anderen ähnlichen Tholosgräber? Diese Möglichkeit ist nicht a priori von der Hand zu weisen — es sei denn, man wäre wirklich der Meinung, die „Etrusker" seien in ein Vakuum „eingewandert". Das in etwa vergleichbare Grab *Rho* des Gräberrundes B von Mykene wird der 2. Hälfte des 15. Jahrhundert v. Chr. zugewiesen. Wie das Gräberrund B von Mykene hat auch die Montagnola außen eine dicke Lehmpackung. Von den mykenischen Grabbauten führen aber typologische Beziehungen bis Ugarit/Ras Schamra. Dieses Problem wäre einer eingehenden Untersuchung wert, die natürlich sämtliche Tholosgräber Etruriens einbeziehen müßte.

Die Archäologie liefert uns schließlich eine sehr wichtige und weittragende Erkenntnis, die auch von den anderen Teildisziplinen der Etruskologie bestätigt wird. Mögen wir es Zerrissenheit nennen oder Differenzierung — wie es nie einen einheitlichen etruskischen *Staat* gegeben hat, so gab es auch nie eine einheitliche etruskische *Kunst*. Wohl ist allem ein ganz spezifischer etruskischer Zug eigen, den der Fachmann meist sofort erkennt. Es hat aber jede Stadt ihre ganz ausgeprägte, eigene Physiognomie, die uns zu sagen erlaubt: „Dies ist Caere, dies Chiusi, dies Vulci, dies Tarquinia, dies Vetulonia, dies Volaterrae." Man glaubt sich in das Mittelalter und in die Renaissance Italiens versetzt: Hier Siena, hier Florenz, hier Prato, hier Pisa. An solchen Eigenständigkeiten spürt der Archäologe die Wurzeln der bunten Vielfalt der Toskana nicht nur im Quattrocento und Cinquecento, sondern bis in die neueste Zeit. Man ist heute damit vertraut, Etruskisches von Italischem und Griechischem zu unterscheiden (worum ein Winckelmann noch schwer gerungen hat!); wir kennen aber auch die einzelnen Physiognomien bereits so weit, daß wir vielfach imstande sind, die Fülle des Materials ohne Herkunftsangabe, das sich in den Museen und Sammlungen der ganzen Welt befindet, dem Ursprungsort (nicht dem Fundort!) zuzuweisen.

Es ist natürlich, daß die Etruskologie neben dem Spaten, der natürlich immer notwendig bleiben wird, die modernsten Suchmittel einsetzt. Die Erfolge der Luftphotographie (101 a) und der Anwendung der Prospektierung mit elektromagnetischen Geräten und Photosonden, wie sie C. Lerici einsetzt, sind bekannt (62). Daß wir heute doppelt soviel bemalte Gräber besitzen wie 1955 — darunter die wertvollen Freskengräber *Tomba delle Olimpiadi*, *Tomba della Nave* und *Tomba della Scrofa nera* —, verdanken wir diesen neuen Methoden (63).

# VIII. ETRUSKOLOGIE UND RELIGIONSGESCHICHTE

Man setzt gewöhnlich die „Etruskische Disziplin" mit der Religion der Etrusker gleich. Nichts ist unrichtiger als das. Angenommen, die *disciplina etrusca*, zu der Thulin (114) vor etwa einem halben Jahrhundert alles Material zusammengetragen hat, sei uns in genuiner Form überliefert, so ist doch mit ihr nicht viel Wesentliches über die Religion selbst gesagt. Die Disziplin ist praktische Auswirkung der Religion auf bestimmten Lebensgebieten und in bestimmten Lebenssituationen, nicht aber die religiöse Anschauung selbst. Clemen (26) und nach ihm R. Herbig (56), Giglioli (38 a) und Grenier (42) haben die Religion selbst zu erfassen versucht. Um Teilgebiete hat sich R. Enking bemüht (33).

Wir haben zwei Gruppen von Quellen für die Erkenntnis der etruskischen Glaubenswelt: *direktes,* von den Etruskern selbst stammendes Material in Texten (Agramer Mumienbinden, Tontafel von Capua, Bleistreifen von S. Marinella, Bleilinse von Magliano, Bronzeleber von Piacenza), in Darstellungen (Grabmalereien, Plastiken, Reliefs auf Stelen und Urnen, gravierte Spiegel) und in Bauten (Tempel, Gräber); *indirektes* Material sind die lateinischen und griechischen literarischen Zeugnisse der ausgehenden Republik, der Kaiserzeit und der Spätantike (Cicero, Varro, Plinius d. Ä., Seneca, Johannes Lydus, Martianus Capella, Arnobius). Es sind aber alle Versuche, das direkte Material mit dem indirekten zur Deckung zu bringen, bis heute unbefriedigend geblieben. Ebenso unbefriedigend sind die Versuche, in der etruskischen Religion fetischistische (26) oder schamanistische Züge (67) nachzuweisen.

Auch hier stoßen wir auf den methodischen Fehler, zeitlich weit auseinanderliegende Dokumente ohne weiteres kombinieren zu wollen. Die vier- bis fünfhundert Jahre, die zwischen der Beschriftung der Tontafeln von Capua und der Agramer Mumienbinden liegen, oder die fünf- bis sechshundert Jahre, um welche die Leber von Piacenza älter ist als das Templum des Martianus Capella, wirken sich nicht nur im Sprachlichen aus. Es wird zu oft vergessen, daß wir die Konstanz des dogmatisch gebundenen Christentums nicht auf die undogmatischen alten Religionen übertragen dürfen und daß die von der Religionsgeschichte festgestellten -*ismen* gleichfalls keine Dogmen sind. Zweifelsohne ist die Glaubenswelt der Etrusker mehrschichtig. Es ist offenkundig, daß die älteste Schicht der großmediterranen Strate mit einer Muttergottheit angehört; eine jüngere wird von einem männlichen Hochgott bestimmt, während die jüngste dem Synkretismus mit italischen und griechischen Gottheiten angehört. Diese scheint überdies noch von orientalischem Religionswesen beeinflußt zu sein. Das etruskische Pantheon, das uns auf der Bronzeleber von Piacenza entgegentritt und dessen sehr spätes Echo sich vielleicht bei Martianus Capella findet, steht wohl am Abschluß der Entwicklung der eigentlichen etruskischen Religion. Diese zeigt aber auffällige Parallelen zur Entwicklung der griechischen Religion, die sich erst seit kurzem, seit dem Eindringen in die Linear-B-Texte, erkennen läßt. In diesen spielt Zeus *(di-we, di-wi-jo)* eine weitaus geringere Rolle als Poseidon *(po-se-da-o-ne)*. An erster Stelle aber steht die große weibliche Gottheit, die Potnia *(po-ti-ni-ja)*.

Ähnliches gewahren wir im Opferkalender der Agramer Mumienbinden (81). Während *Tin(s)* — das etruskische Äquivalent von Zeus bzw. Jupiter — nur beiläufig genannt wird, finden sich große Opfervorschriften für die Gottheit *Aisera* (81; 31), die als Opferempfängerin auch auf dem Blei von Magliano genannt wird; ferner für *Nethuns* (Poseidon, Neptunus). Nicht werden in den Binden die großen weiblichen Gottheiten *Turan* und *Menrva* genannt. Turan — die der Aphrodite bzw. Venus entspricht — ist „die Gebende", nicht „die Herrin". Bei der Deutung ihres Namens die in ihrer Bedeutung absolut sichere Wurzel etr. *tur-* „geben" zu übergehen und den Namen mit einem bisher nicht überzeugend gedeuteten, nichtgriechischen *tyran(n)os* zu verbinden, wie dies bis heute meist geschieht, ist unwissenschaftlich. Die Bedeutung „Herr", die dem Wort *tyran(n)os* zugeteilt wird, ist nur aus der historischen Funktion als Möglichkeit erschlossen.

Jedoch glauben wir, daß tatsächlich eine Beziehung zwischen *Turan* und *tyran(n)os* besteht, aber in völlig umgekehrtem Sinn: vielleicht ist der vorgriechische, mediterrane Tyrannos der König, der in der kultischen Begehung der Fruchtbarkeitsriten den Paredros der Großen Göttin darstellt. An einer solchen Funktion des Königs — und auf der anderen Seite der Königin oder obersten Priesterin — besteht nach allem, was wir von dem Kultbrauch des „Hierós Gámos" (der hl. Hochzeit) wissen, kein Zweifel. Wenn nun die Große Göttin *Turan*

genannt wird, dann ist ihr Paredros „*Turan-na*", „der zu Turan Ge-
hörige". Die adjektivbildende Funktion von -*na* ist aus vielen vorgriechischen Ortsnamen der Ägäis und Kleinasiens bekannt und steckt
auch in der Endung -*ānos/ēnos* gräzisierter Namen. Wenn wir schon
Etymologie treiben wollen, dann ist es in diesem Fall leichter, den
etruskischen Gottesnamen *Turan* als das Primäre, das vorgriechische
*Tyrannos* aber als das von ihm Abgeleitete aufzufassen.

Turan stellt aber sicher dasselbe wie *Aisera* der Binden und des
Maglianobleis dar; sie dürfte aber auch identisch sein mit der italischen
*Menrva* (Minerva).

Eine ähnliche, betonte Rolle wie Aisera und Nethuns spielt im
Agramer Opferritual die Gottheit *Crapśti*. Der Name bedeutet „der
auf dem Felsen" (gemein-mediterran. *grab-/crap-* „Gestein, Fels", das
noch im Rätoromanischen lebendig ist). Welche Gottheit hinter diesem
Sprachtabu steht, läßt sich noch nicht mit Sicherheit sagen. Vielleicht
ist es so wie in den Iguvinischen Tafeln, wo Jupiter, Mars und
Vofionus den Beinamen „*Grabovius*" tragen, was bedeuten will, daß
sie sich von einem *krapu-* (Grabo-) ableiten. Dieser scheint ein Hochgott des mediterranen Megalithkults zu sein (82, 57).

Als etruskische Parallele zu Zeus—Hera, bzw. Jupiter—Juno, wird
*Tin—Uni* angenommen. Es wird aber Uni in den Opfertexten selten
als Opferempfängerin genannt. Der Name kommt fast nur auf
Spiegeln vor (zum Beispiel auf jenem mit der Szene der Adoptierung
des *Hercle* [Herakles] durch *Uni*) und auf der Bronzeleber; hier fehlt
aber bezeichnenderweise der Name der *Menrva*. Es ist immer wieder
die große weibliche Gottheit, die unter verschiedenen, aus verschiedenen Orten stammenden Kultnamen verehrt wird. Ebenso ist der
männliche Hochgott bisweilen mit anderen Namen bezeichnet. *Tin*,
in typischer Weise dargestellt, hat auf dem Spiegel von Tuscania (72)
den Namen *Velthune,* der nach seiner adjektivischen Bildung nur ein
Epitheton sein kann. Der Gesamtname des Gottes wäre * *Tin Velthuna*.
Das „Cognomen" des Gottes tritt für den Eigennamen ein. So kann
Varro (L. L. V 46) schließlich sagen, daß *Vertumnus/Voltumna* (dieses
regulär < etr. *velθun-*) der „*deus Etruriae princeps*" sei.

Dasselbe — Epitheton für den eigentlichen Namen — scheint bei
*Tinscvil* der Fall zu sein. Obwohl die Mehrzahl der Mitforscher dieses
Wort als „Weihegeschenk (an Tin)" interpretiert, glaube ich, daß es
eine genaue Übersetzung des griechischen „Dioskurē" (= Athene) ist.
Man vergleiche dazu den analog gebauten etruskischen weiblichen

Namen *Thanc(h)vil* (lat. Tanaquil) „Than-Tochter" mit *Than(a)*, dem Namen einer etr. Göttin im ersten Glied. Häufig ist die Bezeichnung *Tinscvil* mit den Symbolen der Chimaira, der Gorgo oder des Greifs verbunden, was uns wieder zu der mediterranen Athene, der *a-ta-na po-ti-ni-ja* der Linear-B-Texte, führt.

Die Bücher der etruskischen Disziplin liegen uns nur in Auszügen aus lateinischen Übersetzungen vor, wie sie Varro, Cicero, Seneca, Plinius d. Ä., Martian, Arnobius und Servius aus den Werken des Caecina, des Tarquitius, des Nigidius und anderer Autoren überliefert haben. Wieviel davon „interpretatio Romana" ist — sei es aus Mißverständnis, sei es aus einer Umfunktionierung im Sinne der römischen Religion — oder gar „christiana" (wie etwa bei Arnobius zu fürchten ist), läßt sich vorläufig nur mutmaßen.

Ich glaube nicht, daß der Formalismus der römischen Religion von den Etruskern herstammt, wie fast stets angenommen wird. Man braucht sich nur römische *leges* anzusehen — das Gebiet also, auf dem Rom nach dem Urteil aller sein Eigenstes gegeben hat —, dann erkennt man, woher der kasuistische Formalismus der sogenannten Disciplina Etrusca kommt. Man muß sich doch auch fragen, ob es psychologisch möglich ist, daß ein Volk, das — wie gerade die Etrusker — jeden Kanon, jeden Formalismus in der Kunst ablehnt, ja sich zu solchem völlig unfähig erweist, einen Formalismus bis zum Exzeß im Religiösen geduldet habe.

Wie sehr man dabei aber an der Wahrheit vorbeidenken kann, zeigt Mommsens Urteil über die etruskische Religion, das sich bedenklich in die Nähe der krankhaften Phantasien Grünwedels begibt: „Sie trägt bei den Tuskern einen trüben, phantastischen Charakter und gefällt sich im geheimnisvollen Zahlenspiel und wüsten und grausamen Anschauungen und Gebräuchen, gleich weit entfernt von dem klaren Rationalismus der Römer und dem menschlich heiteren hellenischen Bilderdienst."

Man sollte aber auch endlich einmal mit dem „Kultismus" und der Übertreibung aufhören. Es ist eine Spiegelfechterei, alles, was man sich nicht erklären kann, jedes Objekt und jedes Motiv, vor dem man ratlos steht, als „kultisch" zu deuten. Der Mensch hat nie nur aus dem Kultischen gelebt — früher sowenig (oder nicht viel mehr) wie heute. Man darf sich da nicht durch die Einseitigkeit des erhaltenen Materials täuschen lassen, besonders in Etrurien nicht, auch wenn es zehnmal als *„religiosissima"* und *„omnium superstitionum mater"* bezeichnet wird.

Die etruskische Religionsgeschichte hat noch viele wichtige Punkte zu klären — eine mühevolle, aber nicht aussichtslose Aufgabe. Dabei darf sie sich nicht durch die sporadischen Angaben der römischen Schriftsteller beirren lassen, die von Anfang an durch mangelnde Sachkenntnis und Flüchtigkeit entstellt sind. Ich sehe die augenblickliche Hauptaufgabe nicht in den unfruchtbaren Versuchen, eine Konkordanz zwischen dem etruskischen und dem lateinischen Material herzustellen, sondern den mediterranen Parallelen, besonders mit dem minoisch-mykenischen Kulturkreis und jenem von Ugarit nachzugehen. Auf Beziehungen zu den Hethitern hat schon Hrozny hingewiesen, während der Einfluß der Orphik auf die etruskische Religion noch einer gründlichen Untersuchung bedarf (119).

Was die angeblich von den Etruskern herstammende „kapitolinische Trias" betrifft, wäre einmal der Frage nachzugehen, ob diese Dreiheit nicht einen (allerdings von den etruskischen Tarquiniern vollzogenen) Synoikismos der Götter darstellt. Es stünde dann je eine Gottheit für die drei Kernelemente, die Rom als Stadt aufweist: Tin/Jupiter für die Etrusker, Juno für die Latiner (95, *152 ff.*), Minerva für die Sabiner (95, *217 ff.*). Weniger also eine Götter-Trias, als vielmehr die „Götter-Tribus", den ursprünglichen *Ramnes, Tities* und *Luceres* entsprechend. Es ist an der Zeit, auch auf diesem Gebiet mit überholten Vorstellungen aufzuräumen. Ein Beispiel hierfür: die auf Vitruv zurückgehende Anschauung, es habe jede etruskische Stadt drei Tempel und jeder Tempel drei Cellae (für Tin/Jupiter, Uni/Juno und Menrva/Minerva) gehabt, ist durch die negativen archäologischen Befunde restlos zerstört worden. L. Banti konnte überzeugend nachweisen, daß die etruskischen Göttertriaden nicht existieren (15, *249 f.*).

Eine andere, mit dieser „Grundlagenforschung" eng verbundene Aufgabe wäre die Erforschung des eigenartigen Bruchs in den Jenseitsvorstellungen, der in den Fresken der Gräber seit der Mitte des 5. Jahrhunderts auftritt. In den älteren Gräbern sehen wir eine absolut lichte Jenseitsvorstellung, die besonders in den Darstellungen in den dreieckigen Giebelfeldern über den Türen auftritt. Der Tote, von Delphinen begleitet, reitet auf einem Hippokamp über das Meer zu einer mit Bäumen bewachsenen Insel. Dies entspricht der Idee des Elysiums, das in der Odyssee (IV 561—568) als jenseits des Meeres am Rand des Okeanos liegend beschrieben wird. Diese Homerstelle ist ein Fremdkörper, der sich völlig von der griechischen Jenseits-

vorstellung unterscheidet, nach der die Seelen der Toten ein Schatten-
dasein im freudlosen Hades führen.

Es ist völlig belanglos, ob die großen Wandfresken der vor der
Mitte des 5. Jahrhunderts erbauten Gräber ein irdisches Gastmahl und
irdische Kampfspiele darstellen, ob Leichenmahl und Leichenspiele
gemeint sind oder die Heroisierung des Toten und sein Leben im Jenseits. Auf die kleinen realen oder symbolischen Darstellungen der
Totenreise kommt es an, die das erste sind, was dem in die Augen fällt,
der das Grab betritt.

Zur angegebenen Zeit treten nun Hadesdarstellungen auf. Den
Übergang dürfte die Darstellung über der Eingangstür der *Tomba
Guerciola* in Tarquinia bilden, wo der Tote nicht mehr über das Meer
getragen wird, sondern auf dem Wagen in die Unterwelt fährt. In den
Kreis der Darstellung der Reise ins Elysium gehört auch jene bekannte
bemalte Tonplatte aus Caere, auf der ein männliches geflügeltes Wesen
eine Frau — an den eingewickelten Armen als Tote erkenntlich — da-
vonträgt. Die Reise des Toten in die Unterwelt, oft von Dienern oder
Dämonen begleitet, findet sich schon vor dem 5. Jahrhundert bisweilen
auf Stelen, bezeichnenderweise aus dem nördlichen Etrurien (Fiesole,
Bologna). Auf Sarkophagen und Urnen ist diese Darstellung seit dem
4. Jahrhundert sehr häufig zu finden. Den Fresken mit den Hades-
bildern entsprechen die Reisedarstellungen der Totenbehälter.

In diesem Kreis tritt neben *Aita* (Hades), *Phersipnei* (Persephone)
und der Todesgöttin *Vanth* auch der mit einem Hammer bewehrte,
oft mit grünlichblauer Hautfarbe dargestellte *Charun* auf, der mit
dem griechischen Charon nicht mehr als den Namen gemeinsam hat.
Er ist der, der den Menschen aus dieser Welt abholt, und sein Hammer
bedeutet etwa das, was in unseren Vorstellungen die Sense des Todes
ist. Ein anderer Dämon der Unterwelt ist *Tuchulcha*, ein Wesen mit
Spitzohren und einer Geierschnabelnase, in dessen Händen sich Schlan-
gen drohend aufbäumen. All das ist den älteren Fresken und Reliefs
durchaus fremd.

Man gewinnt daraus den Eindruck, daß es etwa um die Mitte des
5. Jahrhunderts im Etruskertum — vielleicht unter dem Eindruck
der Katastrophe von 474 — zu einer religiösen Krise kam, die besonders die Jenseitsvorstellungen affizierte und verdüsterte. Die Orphik
mag da mitspielen — bestimmende Ursache war sie aber wohl sicher
nicht. Eher wäre (neben den nationalen Erlebnissen) noch an Einflüsse
aus dem Italikertum mit gewissen modifizierten schamanistischen Vor-

stellungen (67) zu denken (wie ja auch der mittelalterliche Hexenwahn seine Wurzel nicht im Christentum, sondern in germanischen Vorstellungen hat). Diese Krise geht auch sicher nicht auf das Konto der Kontakte mit den Griechen, da die Etrusker das griechische Epos und die Mythologie bereits viel früher kannten, wie das Fresko mit Achilles und Troilos aus der „*Tomba dei Tori*" zu Tarquinia (1. Hälfte des 6. Jahrhunderts) zeigt, und sie später ihre Dämonenvorstellungen in bekannte griechische Vorlagen hineinkomponierten (Trojanerfresko der „*Tomba François*" in Vulci und Sarkophag von *Torre S. Severo/* Orvieto).

Die alte Vorstellung vom Eingehen des Toten in das Elysium und seine Freuden ging aber nicht völlig unter. Dies bezeugen viele Aschenurnen mit der Darstellung des Reiters auf dem Hippokamp, mit Delphinen und Amphoren (die schon in den Giebelfresken der Gräber häufig die elysische Insel ersetzen). Hier ist auch das beliebte Dekorationselement des Efeus einzureihen. Über die Bedeutung der Amphore und über das Amphorenfloß des Herakles, auf dem er seine Fahrt nach dem Westen unternimmt, hat R. Stiglitz (110) eine sehr besonnene und instruktive Untersuchung angestellt, deren Wert von den Etruskologen nicht übersehen werden darf.

Es wäre auch einmal zu untersuchen, warum auf den etruskischen Aschenurnen die Darstellung des Opfers der Iphigenie, des Kampfes zwischen Eteokles und Polyneikes und des Echetlos so beliebt war. Welche religiösen Vorstellungen stehen dahinter? Obwohl ich ein Gegner des „Kultismus" bin, kann ich hier doch nicht von der Meinung abgehen, daß man auf Sarkophagen und Urnen sicher nicht beliebige Darstellungen anbrachte, sondern nur solche, die sich etwa biographisch auf den Toten beziehen oder seine Jenseitserwartung in religiöser oder mythologischer Symbolik ausdrücken. In den Darstellungen mit Abschied und Totenreise zu Fuß oder auf dem Wagen sehe ich eine Parallele zu der stillen, innigen Bürgerlichkeit, die auch den attischen Grabstelen des ausgehenden 5. Jahrhunderts eigen ist.

Es wäre auch zu untersuchen, ob die Darstellung von kämpfenden Kriegern, besonders von Kämpfen mit Galliern (die ja an ihrer Tracht und an ihren Schilden zu erkennen sind), biographisch oder symbolisch gemeint sind; hier kommt vor allem das Material von Nordetrurien (Perugia, Fiesole, Bologna) in Betracht.

Ein Beispiel dafür, wie selbständig die Etrusker mit übernommenen Götternamen und Göttertypen umgingen, sind die auf verschiedenen

Bronzespiegeln vorkommenden Kompositionen von *Menrva, Hercle*
und *Maris.* Sie erwecken den starken Eindruck, daß hier *Hercle*
(Herakles) gar nicht so sehr der griechische Held ist. Er wird vielmehr
als Gemahl der *Menrva* (Minerva) aufgefaßt, und *Maris* — gleichfalls
nicht absolut identisch mit dem römischen Mars — ist das Kind der
beiden (34). In einzelnen Fällen ist die Darstellung des jungen *Maris*
solcherart, daß man meinen könnte, er sei der sagenhafte *Tages,* der
als Kind mit Greisenkopf in Tarquinii ausgeackert wurde und die
Etrusker die „Disziplin" lehrte. Er soll ein Sohn des „Genius" gewesen sein, dieser wieder ein Sohn des Jupiter wie Herakles in der
griechischen Mythologie. Mit dem der griechischen und der etruskischen
Mythologie gemeinsamen Herakles im Zentrum ergibt sich folgende
Genealogie:

Zeus ∞ Alkmene
(Tin) | (?)
Herakles/Hercle ∞ Menrva
(Genius?) |
Maris
(Tages?)

Jedenfalls ist der etruskische Maris der Spiegeldarstellungen kein
Kriegsgott (95, *199 ff.*) — das dürfte vielmehr *Laran* sein —, und
Menrva keine jungfräuliche Göttin. Sie trägt aber wie Pallas Athene
die Ägis mit dem Gorgoneion auf der Brust. Was stellte — in Griechenland und in Etrurien — das Gorgoneion eigentlich dar? Das etruskische
Gorgoneion hat selbst noch in den freundlichen, hellenistischen Darstellungen wie zum Beispiel im Volumniergrab zu Perugia Schlangen-
haar wie die etruskischen Unterweltdämonen. Ist Gorgo das Symbol
des Todes, der Unterwelt, und Pallas Athene/Menrva eine spätere
Substitution für die Große Göttin, die Herrin über Geburt und Tod?
In diesem Falle wäre Hercle der junge, sterbende Gott, der schließlich
ins Elysium eingeht — ein Symbol des Menschen, der nach den Mühen
des Lebens die Ruhe im Elysium findet (110, *139 f.*). Soll dann Tages,
Kind und Greis, wissend um die Mysterien, den in die Geheimnisse des
Jenseits eingeweihten Menschen darstellen? Berühren wir hier ein altes
Kultmysterium des etruskisch-mediterranen Glaubens, einen Nieder-
schlag älterer Vorstellungen, für uns durch die übernommenen italischen
und griechischen Namen verdunkelt?

## IX. ETRUSKOLOGIE UND KUNSTGESCHICHTE

Hier ist im Rahmen des Zwecks dieser kritischen Einführung nicht viel zu sagen. Die Archäologie in ihrem Aspekt als antike Kunstgeschichte ist jenes Teilgebiet unserer Disziplin, das hinsichtlich Materialstudium, Methode und Systematik wohl am besten bearbeitet und bekannt ist.

Hier ist auch der hauptsächlichste Sitz des besonderen Interesses beim großen Publikum. Wenn auch die Archäologie im allgemeinen heute „di moda" ist, so gilt dies ganz besonders vom Etruskischen. Die großen Ausstellungen ›Kunst und Leben der Etrusker‹ in den Jahren 1955/56 in Zürich, Mailand, Paris, Den Haag, Oslo und Köln (61) und die zwar dem Umfang nach kleineren, aber durch neuestes, zum Teil noch unpubliziertes Material bedeutsamen von 1966/67 in Wien, Stockholm und Turin (57) haben in besonderem Maß zur Weckung dieses Interesses beigetragen.

Die erste der genannten Ausstellungsserien war „eine zusammenfassende Bilanz von vierzig Jahren der Forschung und der kritischen Interpretation der Erscheinungen der Kunst Etruriens" (Pallottino in 57, 12) gewesen. Diese etruskische Kunst war erst in unserem Jahrhundert als eine eigene historische Realität erkannt worden. Wenn auch der große Winckelmann in seiner ›Geschichte der Kunst des Alterthums‹ (1776) ein Kapitel ›Von der Kunst der Hetrurier und ihrer Nachbarn‹ hat, so ist diese für ihn doch nur ein Ableger der griechischen Kunst und oft nicht leicht von ihr zu unterscheiden. Überdies fällt Winckelmann das harte Urteil: „Bey einer so großen Wissenschaft und Kunst in der Ausführung mangelten den hetrurischen Künstlern die Begriffe der Schönheit", und er wendet auf den etruskischen Stil das an, was bei Plutarch Pindar von Vulcanus sagt, „daß er ohne Gratie gebohren sey". Für den an den Werken der Klassik geschulten Winckelmann konnte natürlich die dem ausgewogen Klassischen abholde etruskische Kunstübung nicht „Kunst" wie die der Griechen sein — eine Haltung, die bis heute noch nicht ganz ausgestorben ist. Auch bei manchen heutigen Etruskologen findet man immer wieder, daß für sie die griechische Kunst nicht ein chronologisches und stilisti-

sches Vergleichsmittel, sondern ein ästhetischer Wertmaßstab ist.
Davon abgesehen — es hat praktisch erst der Fund des „Apollo von
Veji" im Jahre 1916 die der etruskischen Kunst anhaftende Zensur
„provinziale Randkunst" ins Wanken gebracht.

Mit der Heerschau von 1955/56 war aber auch „das Aufflammen
eines leidenschaftlichen und irrationellen Interesses für das ‚etruskische Mysterium' verbunden. Dieser Mythos der modernen Kultur
ist es, und die fieberhafte Gier nach dem Besitz etruskischer Sachen,
die sich heute auf internationaler Ebene zeigt, auf die das Anwachsen
des schwarzen Kunsthandels und der Raubgrabungen zurückzuführen
sind, die zu schweren Zerstörungen und zur Zerstreuung kostbaren
archäologischen Materials wie zum Verlust der Kenntnis ihrer Fundumstände führen" (Pallottino in 57, *13*).

Die Ausstellungen der Jahre 1966/67 zeigten etwas vom Ergebnis
der neuen Nachforschungen in Tarquinia, Cerveteri, Vulci, Ischia di
Castro, Orvieto, Roselle, Quinto Fiorentino und Marzabotto, jene von
Turin im Juni/Juli 1967 auch Material der hochbedeutsamen schwedi-
schen Grabungen in Südetrurien. Diese letzten Wanderausstellungen
„haben wertvolle und gut überprüfte Tatsachen für die regionale,
kulturelle und zeitliche Einordnung des figuralen und dekorativen
Schaffens der Etrusker geliefert, die bisher fehlten" (Pallottino in
57, *13*).

Gerade hier wurde wieder deutlich, daß der unbefangene Betrachter
dieser Objekte etwas Eigenes, oft ganz modern Anmutendes in den
Werken der etruskischen Kunst entdeckt und daß in ihm auch ein
echtes Interesse geweckt wird. Es wurde aber auch mehr als je erkennbar, daß es eine „allgemeine" etruskische Kunst nicht gibt (obwohl
dieser Terminus nun einmal schon eingebürgert ist). Keine „provinziale
Kunst der Etrusker", sondern regionale Kunst in den einzelnen etruskischen Stadtstaaten, oft sehr verschieden voneinander, aber geeint
durch jenen oft schwer definierbaren „roten Faden", der alle Kunstübung der Etrusker durchzieht.

Hier immer besser unterscheiden, immer sicherer in Raum und Zeit
einordnen zu können (18), mit anwachsendem Material versuchen,
Künstler und Schulen zu erkennen, wie dies L. Banti so kritisch und
erfolgreich unternimmt (15) — das ist für die nächste Zukunft die
vornehmste Aufgabe der etruskischen Kunstgeschichte.

Auf ein spezielles Problem der etruskischen Kunstgeschichte soll hier
noch hingewiesen werden. Man sollte es sich nicht so leichtmachen,

mit der Festlegung einer chronologischen Stufe „Zeit des orientalisierenden Stils" und mit dem Hinweis, daß dieser natürlich keineswegs ein Beweis für die orientalizistische Herkunftshypothese sein könne, die Frage als erledigt zu betrachten. Es ist richtig: der Orient hat in diesem Stil auf das gesamte Mittelmeergebiet eingewirkt. Aber bis heute sind zwei ebenso evidente, damit zusammenhängende Fakten noch nicht zufriedenstellend erklärt worden.

Das erste, materielle, besteht darin, daß der Import aus dem Osten nirgends so stark ist wie in Etrurien. Der eventuelle Hinweis auf eine unterschiedliche Fundlage reicht keineswegs aus, dieses Phänomen zu erklären. Das zweite, formelle Faktum aber ist der Umstand, daß nirgendwo die Reaktion auf die aus dem Orient kommenden Vorbilder so bemerkenswert ist wie in Etrurien. In dieser Hinsicht gilt bis heute, was Hanfmann (46 a, *8*), Mühlestein und Duhn folgend, vor über dreißig Jahren geschrieben hat: „... es gibt Weniges, sehr Weniges, das nicht aus dem großen Schatz des Orients nachahmend schöpfte; diese Periode, an äußerem Glanz, innerem Mitwirken, schöpferischer Kraft wie handwerklichem Können wohl die hervorragendste der etruskischen Kunst, bietet zugleich ein Bild der größten Hingabe an die merkwürdige Kunst, die in immer neuen Wellen über das Meer kam. Weit näher folgt die Kunst der Küstenstädte, voran Caere's und Vetulonia's, mit dem Praeneste wetteifert, den fremden Vorbildern, als es die Griechen des Festlandes je getan haben." Und weiter: „Für jede Gruppe, für jede Industrie, ja für jedes Stück wird die Frage aufgeworfen werden müssen, ob es von einer eingesessenen Werkstatt gearbeitet, oder ob es über den Handel der Phöniker, über den Seeraub der Etrusker den Weg in ein etruskisches Grab fand."

Zu sehr beschränkt man sich meist darauf, die fraglichen Objekte entweder einfach als Import oder als Nachahmung zu bezeichnen. Die beiden Fragen „Warum soviel?" und „Warum so intensiv?" stehen noch immer unbeantwortet — ja vielfach noch gar nicht ausgesprochen — im Raum der Forschung. Der orientalisierende Stil ist natürlich kein Beweis für die Herkunft der Etrusker aus dem Orient; wäre dem so, dann müßten ja überall dort, wo sich dieser Stil findet, Etrusker gewesen sein. Eine solche Annahme aber widerspricht in jeder Hinsicht unserem Wissen um die historischen Fakten. Es wäre aber doch einmal sine ira et studio, ohne jede Hemmung und Voreingenommenheit, zu untersuchen, ob und wieweit die auffallende materielle

und formelle Akzentuierung dieses Stils in Etrurien mit einem der
Elemente, die zur etruskischen Volkwerdung beigetragen haben, in
besonderer Weise verbunden ist.

Ein Teilaspekt der Frage des orientalisierenden Stils in Etrurien
bezieht sich auf die Metallurgie. Daß verschiedenes Bronzegerät nicht
nur stilistische Zusammenhänge mit der Kunst von Urartu, einem
zwischen 900 und 600 v. Chr. blühenden Reich auf der Hochebene um
den Van-See, zeigt, sondern echter Import ist, wurde schon von
Lehmann-Haupt (63 a) erkannt. Auch Pallottino (77, *58 f.* mit
Anm. 23) hat sich damit befaßt. Aber auch hier genügt es nicht, mit
der Alternative „Import" oder „Nachahmung" eine Erklärung zu
geben. Die etruskische Bronzetechnik der Zeit des orientalisierenden
Stils unterscheidet sich graduell dermaßen von jener des vorausgehenden „Villanova" und von der gleichzeitigen der Italiker, daß auch
hier nach dem Woher dieser so plötzlichen technischen Fertigkeit
gefragt werden muß. Ohne daß organische Vorstufen erkenntlich
wären, findet sich ganz unvermittelt eine überlegene Beherrschung der
verschiedensten Techniken — Hohlguß, Vollguß, Thoreutik, Ziselie-
ren, Filigran und das Behämmern eines Kernes mit edleren Metallen.
In Etrurien finden sich wie in Urartu die Attachen in der Form von
Tierköpfen oder Sirenen an Bronzekesseln; hier wie dort sehen wir
Strukturen aus animalischen und pflanzlichen Motiven und die „zoo-
morphe Junktur" in der Gestaltung der Füße von Kandelabern und
ähnlichen Gegenständen.

An die Annahme, daß Keramiker aus Jonien in Etrurien — so in
Caere — arbeiteten, hat man sich längst gewöhnt. Ob nicht ein ähn-
liches Postulat die Annahme orientalischer, näherhin urartäischer
Bronzetechniker wäre? Wir wissen heute von der Kunst und Technik
Urartus mehr als vor einer Generation. Die russische Forschung ist in
Armenien sehr rührig und weist große Erfolge auf. So hat erst jüngst
die Grabung von N. V. Aratschunian auf dem Ruinenhügel *Karmir
Blur* am Zange, einem Nebenfluß des Araxes, die urartäische Stadt
*Teschebaini* mit der über der Unterstadt gelegenen Festung freigelegt.
Diese Festung war Sitz des Gouverneurs, Verwaltungszentrum und
Stapelplatz. Gegen Ende des 7. Jahrhunderts wurde die Stadt von
den einfallenden Skythen zerstört. Unter der Schicht des Brandschutts
haben sich die Relikte zum Teil erstaunlich gut erhalten. Diese Stadt,
erst zu Beginn des 7. Jahrhunderts von Rusa II. gegründet — wie eine
jetzt gefundene Inschrift berichtet —, zeigt das kulturelle Leben der

letzten Blütezeit von Urartu, in zeitlicher Parallele zur Periode des orientalisierenden Stils in Etrurien.

Von Urartu gingen die Metallwaren nach Trapezunt an der südöstlichen Küste des Schwarzen Meeres. Hier übernahmen, wie angenommen wird, griechische Händler die Produkte. Entlang der Schwarzmeerküste, durch den Bosporus und den Hellespont gelangten sie in die Ägäis, nach Kreta, nach Griechenland — Beweisstücke sind unter anderem aus Delphi und aus Olympia bekannt — und nach Italien. Wer kann a priori ausschließen, daß nicht nur die Ware, sondern auch der eine oder andere Verfertiger die weite Reise machte? Und dies gerade zu einer Zeit, da das alte Reich zusammenbrach, den Medern unterlag, und eine neue Bevölkerung, die Armenier, das Land in Besitz nahm. Was für die Keramik recht ist — das Postulat der Präsenz jonischer Künstler in Etrurien —, kann auch für die Bronzen gültig sein. Man möge doch nicht übersehen, daß eine so entwickelte Technik nicht durch bloßes Nachahmen von Stilmotiven erworben wird. Auch auf diesem Gebiet ist noch vieles zu klären.

# X. ETRUSKOLOGIE UND SOZIOLOGIE

Auch hier soll nur auf einige interessante Fragen hingewiesen werden, bei denen wir neue Erkenntnisse anzeigen können oder auf deren künftige Lösung hinzuarbeiten ist. Eine solche Frage ist die nach der soziologischen Breite der schon von den Alten (z. B. Poseidonios von Apameia bei Diodor V 40) anerkannten Bildung der Etrusker.

In jeder Kultur gibt es einen bildungsmäßigen und soziologischen Unterschied zwischen Stadt und Land, der sich natürlich auch in der Sprache äußert. Selbstverständlich wich auch in Etrurien die Sprache des Volkes, besonders der Landbevölkerung, von der „Schriftsprache" ab. Bei Livius (X 4) finden wir ein interessantes (von Valerius Antias stammendes) Zeugnis für die Verhältnisse in Etrurien. Cn. Fulvius, im Jahre 302 v. Chr. Legat des Diktators M. Valerius Maximus, wäre mitsamt der Vorhut, die er befehligte, von Etruskern, die als Hirten verkleidet waren, beinahe in einen Hinterhalt gelockt worden, wenn ihn nicht Leute aus Caere, die im Heere dienten, gewarnt hätten. Er wird von diesen auf die verdächtigen Hirten aufmerksam gemacht und befiehlt den des Etruskischen Kundigen aufzupassen, ob die Redeweise *(sermo)* der Hirten mehr der ländlichen als der städtischen näher wäre. Die Caeriten erklärten ihm, der Klang der Sprache und die ganze Haltung und Sauberkeit der Personen seien zu gepflegt, als dies bei Hirten der Fall ist. Also auch die Sprache war zu gut. Das kann sich nur auf die Aussprache (*„sonus linguae"* sagt Livius) beziehen, da nach den uns vorliegenden Zeugnissen der Charakter der etruskischen Sprache in jeder Periode und auch räumlich durchaus einheitlich ist und nur unbedeutende, zum Teil nachweislich jüngere Dialektunterschiede zeigt. Dies scheint darauf hinzuweisen, daß die Sprache noch nicht so lange vor der Zeit, aus der die ersten schriftlichen Zeugnisse stammen, in Italien gesprochen wurde und daß sie sich nicht allzulang vor Beginn der schriftlichen Überlieferung von einem beschränkten Zentrum her ausgebreitet hat. Trifft dies zu, dann machen es auch sprachgeschichtliche Gründe unannehmbar, bereits in den Trägern der „Villanova"-Kultur „Etrusker" zu sehen. Was die angedeuteten geringen Unterschiede betrifft, verdiente das in Perusia gesprochene

Etruskisch eine besondere Untersuchung. Rix (96, *177*) weist mit Recht darauf hin, daß es nicht erlaubt sei, „Erkenntnisse, die aus dem besonders gelagerten Material Perusias gewonnen sind, unbesehen auf andere Gebiete Etruriens auszudehnen". Man gewinnt den Eindruck, daß in Perusia, das ja erst zu Beginn des 5. Jahrhunderts „etruskisch" wurde, das Umbrische weiterhin gesprochen wurde und auf diese Weise das offizielle Etruskisch beeinflußte.

Die auffällige Einheitlichkeit der etruskischen Sprache läßt sich hinreichend nur damit erklären, daß es „Schulsprache" war und einer bestimmten Überwachung unterstand. Auch Altheim (6, *36*) hat zu Recht bemerkt, daß das Etruskische den Anschein einer „öffentlichen" Sprache hatte, die neben der ererbten herging, ohne daß beide einander ausschlossen.

Lesen und Schreiben muß auch auf dem Lande weit verbreitet gewesen sein. Dies legt die große Menge der erhaltenen Inschriften von außerhalb der großen Zentren nahe. Gerade die oft unbeholfen und mit Rechtschreibefehlern ausgeführten Inschriften auf den Grabziegeln und Aschentöpfen des ärmeren Volkes zeigen deutlich, daß auch der einfache Mann lesen und schreiben konnte.

Eine andere interessante Frage ist die nach der gesellschaftlichen Grundform und nach der Stellung der Frau bei den Etruskern.

Die Tyrrhener sollen aus ihrer früheren ägäischen Heimat eine Art von Matriarchat mitgebracht haben, was besonders aus dem Gebrauch des Metronymikons — des mütterlichen Familiennamens — in der Namensformel beweisbar sein soll (11, *92. 274;* 12, *282 ff.*). Dieser Ansicht neigt auch noch Mazzarino (65, *117*) in seiner soziologischen Studie über die Etrusker zu. Dagegen ist Verschiedenes zu bemerken (107).

Die etruskische Namensformel kann (beim Mann) in der entwickelten Form aus Vornamen (Pränomen, PN), Familiennamen (Gentiliz, GN), Patronymikon, Metronymikon und Beinamen (Cognomen, CN) bestehen. Notwendig und distinktiv für einen freien Bürger sind aber nur PN und GN. Der Name des Vaters (dessen PN) und jener der Mutter (GN der Familie, aus der sie stammt) können, der eine oder der andere oder beide, angegeben werden; sind beide vorhanden, dann geht das Patronymikon dem Metronymikon in der Regel voraus. Alle Kinder aber tragen den Namen (GN) der *väterlichen* Familie.

Manche Familien haben ein erbliches Cognomen, das die Form eines typischen Familiennamens hat. Dies ist lange Zeit mißverstanden worden. Schulze (102, *321 f.*) war der Meinung, es sei die Sitte des erblichen Gentilcognomens — das nach ihm der Familienname der Gattin ist und nach Vererbung zum Zeichen der Verschwägerung wird — nach Rom als Mode aus Etrurien gekommen, wo ein solcher zweiter Familienname infolge der starken sozialen Stellung der Frau möglich gewesen sei. In Rom habe es dann zur Unterscheidung stark verzweigter adeliger Familien gedient und sei so zum Adelszeichen geworden. Rückwirkend führte diese Anschauung dazu, alle etruskischen Familien mit „Doppelgentiliz" als hochadelig anzusehen. Es ist aber Schulze nicht aufgefallen, daß der Komplex aus GN und GN-CN im ersten Glied praktisch immer ein Name *italischer* Herkunft (meist *cae, tite, vipi*), der zweite ein italisches CN (z. B. *alfa* < umbr. *alf-* „weiß"; *crespe* < *crispus* „kraushaarig") oder ein typisch etruskisches Gentiliz (meist mit der Endung *-na*) ist. *Nie* aber ist das erste Glied ein etruskisches Gentiliz. Wäre die „Verschwägerungshypothese" richtig, dann hätten — zumindest in den Familien mit „Doppelgentiliz" — immer nur italische Burschen italische oder etruskische Mädchen geheiratet, *nie* aber hätte ein etruskischer Bursche eine Italikerin oder Etruskerin geheiratet. Diese logische Konsequenz zeigt deutlicher als jeder gelehrte Beweis, daß solche Hypothese absurd ist.

Der Komplex aus italischem GN (das aus einem Individualnamen entstanden ist) und etruskischem GN(-CN) ist leicht verständlich: er dient der Unterscheidung der zahlreichen Familien *cae, tite, vipi.* Rix (96, *376 ff.*) hat darauf hingewiesen, daß diese Fälle, in denen das zweite Glied meist das Gentiliz einer alten etruskischen Familie ist, nur dadurch zu erklären sind, daß die zahlreichen Italiker, Hintersassen der etruskischen Grundherren, zu einem bestimmten Zeitpunkt das etruskische Bürgerrecht (mit etruskischem Vornamen) erhielten, wobei die als CN hinzugefügten und weitervererbten etruskischen Gentilizien nur die früheren Patrone oder Lehensherren bezeichnen können. In vielen Fällen dürften es die Namen der ehemaligen Besitzer, also *Hofnamen*, sein.

Besonders häufig ist der Brauch in Perusia. Dort gibt es die Familien *vipi acri, v. alfa, v. ancari, v. aulni, v. cai, v. capenate, v. caspre, v. vari, v. varna, v. vercna, v. veru, v. velimna; tite marcna, t. petruni, t. satna* u. a. m. Die in manchen Gräbern von Perugia gut festsrellbare Generationsfolge erlaubt uns, den Beginn dieser Namensformel um etwa 130 v. Chr. anzusetzen. Der Grund ist, wie wir mit Rix glauben, wahrscheinlich der Erwerb des etruskischen Bürgerrechts durch zahlreiche Italiker (Umbrer). Dabei muß es zu einer *Bodenreform* gekommen sein, da natürlich auch in Etrurien das Bürgerrecht an ein Minimum von Bodenbesitz gebunden war. Zahlreiche bisher von den leibeigenen Italikern bewirtschaftete Höfe der etruskischen Großgrundbesitzer dürften (mit dem Hofnamen) als Erbpacht auf die Neubürger übergegangen sein. Auch Rix sieht hier die soziologische Erklärung.

Wenn es also auch nichts ist mit einem etruskischen Matriarchat, so ist doch eine besondere Stellung der Frau festzustellen. Und diese wurde schon im Altertum festgestellt — allerdings alles andere als richtig interpretiert. J. Heurgon ist schon 1961 in seinem Buch (53) den Gründen nachgegangen, aus denen man die äußerst herabsetzende Kritik griechischer Autoren — des Theopomp von Chios, des Timaios von Tauromenion und des Herakleides Ponticus — erklären könnte. Der Verfasser dieser ›Einführung‹ hat dann 1965 die Frage noch einmal in einer Studie ›Zur Sittengeschichte der Etrusker‹ aufgerollt (83).

Die im großen und ganzen recht pharisäische Kritik (besonders jene des Theopomp) richtet sich sowohl gegen die Männer wie auch gegen die Frauen. Wir beschränken uns im Zusammenhang mit der vorigen Frage auf das, was den Frauen vorgeworfen wird:

Dem sehr freien Benehmen der Etrusker den Frauen gegenüber und ihrer Promiskuität entsprechen die lockeren Sitten der Frauen, ihr wahlloser Verkehr mit den Männern, ihre Trinksitten und ihr ganzes Auftreten in der Öffentlichkeit und ihre (angeblich!) außerehelichen Geburten. Um es kurz zu sagen — nach dieser Darstellung sind die Etruskerinnen durchaus emanzipierte Hetären.

Schon im Altertum bestanden Zweifel am Wert der Aussagen des Theopomp und des Timaios. Ein qualifizierter Zeuge hierfür ist Polybius, der im 8. Buch den Theopomp, im 12. den Timaios einer scharfen Kritik unterzieht. Aus ihr geht in aller Deutlichkeit hervor, daß den beiden neben gründlichem Tatsachenwissen vor allem die für einen Historiker unabdingbare ethische Qualifikation — Wahrheitsliebe und Sauberkeit — abgeht. Ohne die Etrusker zu nennen, hat sich Polybius zu ihrem Anwalt gemacht, indem er ihre Ankläger ganz allgemein als *lügnerisch, ungerecht, skandalsüchtig* und *unsauber* überführte (83, 29 ff.).

Aber auch der Angeklagte selber ist nicht zur Stummheit verurteilt; wir dürfen hier in einem besonderen Sinn sagen: saxa loquuntur. Es

sprechen die auf den Stein der Grabkammern gemalten Fresken, und
es sprechen die Tausende der in Stein gehauenen oder auf Ton geritz-
ten Grabinschriften mit dem Namensformular. Was sie uns vom täglichen Leben einer hochkultivierten Klasse und von ihren Familien-
banden erzählen, widerspricht in jeder Hinsicht den Behauptungen
des Theopomp und des Timaios.

Zahlreiche Gräber (in Tarquinia, Chiusi, Orvieto) sind mit Fresken
ausgestattet, die Bankette, Tänze, sportliche Veranstaltungen zeigen.
Dieselben Themen finden wir auf Cippen von Chiusi. Es ist für
unseren Zweck ganz gleich, ob diese Bilder einfach Reminiszenzen aus
dem täglichen Leben der verfeinerten Oberschicht darstellen, ob sie das
Totenmahl und die Leichenspiele kommemorativ festhalten oder ob sie
Vorstellungen vom Leben des aus dieser Welt Geschiedenen im Jenseits
zum Inhalt haben. Solange man nicht phantastischen, märchenhaften
Vorstellungen Raum gab — und gerade das ist nicht der Fall —, konnte
sich jede Darstellung ja nur im Formenkreis des Erlebten bewegen.

Bei diesen Mählern sind in der Regel Mann und Frau auf einer
Kline liegend dargestellt. Während die Männer den Oberkörper un-
bekleidet haben, prunken die Frauen in voller, reicher Bekleidung. Sie
liegen auch keinesfalls mit den Männern unter einer Decke — wie dies
ihre griechischen Kritiker behaupten —, ja in der jüngeren Zeit sind
sie am Fußende der Kline sitzend dargestellt. Viele der männlichen
Diener sind nackt, kaum aber die Tänzer und Musiker. Es ist aber
keine einzige nackte Dienerin oder Tänzerin zu finden. (Für die Beurteilung der Fresken sind nur die Originale bzw. gute Farbreproduk-
tionen maßgebend. Man könnte z. B. nach der Schwarzweißwiedergabe
des Giebelfreskos der Rückwand im ersten Raum der *„Tomba della
caccia e pesca"* meinen, das sitzende erste Mädchen links sei nackt;
tatsächlich ist es aber mit einem gelben, eng anliegenden jonischen
Chiton bekleidet.)

Der Einwand, man hätte eben in den Gräbern auf die Darstellung
„anstößiger" Gewohnheiten verzichtet, gilt nicht. Theopomp selber
sagt (bei Athenaios XII 517 d), „es ist für sie (d. h. die Frauen) gar
nicht schimpflich, sich nackt zu zeigen". Übrigens fanden die Etrusker
ja auch nichts Anstößiges daran, mit den Grabbeigaben auch ko-
rinthische und attische Gefäße mit erotischen Darstellungen in die
Gräber zu stellen. Wären die Dinge, über die sich die Griechen ent-
rüsteten, wirklich gang und gäbe gewesen, dann hätte man sie ohne
Bedenken auch in den doch so lebensvollen Bildern der Gräber gezeigt.

Schwerste Bedenken gegen die Richtigkeit einer bestimmten Behauptung des Theopomp (bei Athenaios XII, 517 e) erheben sich von seiten der *Epigraphik*. Es handelt sich darum, daß angeblich „die Tyrrhener alle Kinder aufziehen, die zur Welt kommen, ohne daß sie wüßten, von welchem Vater ein jedes stamme". Wir kennen heute nicht nur die etruskischen Namen sehr gut, sondern auch das Namensystem in seinen verschiedenen Schattierungen. Aus ihm ist — das sei an die Spitze gestellt — klar ersichtlich, daß die Frau eine geachtete, dem Manne ebenbürtige soziale Stellung innehatte, daß es aber (wie schon oben erwähnt) ein Matriarchat im Sinne einer gesellschaftlichen Vorherrschaft der mütterlichen Frau nicht gab, die Ehe jedoch eine geordnete, stabile Einrichtung war.

Ein Fehlen des Gentiliz bzw. des Patronymikons gibt es als Prinzip nur in der Namensformel von Unfreien oder von Freigelassenen, die ja auch bei den Etruskern coram lege sine patre waren. Sie schämen sich aber nicht, es anzugeben, wenn ihre Mutter eine Unfreie war (dies ist am Metronymikon in Form des einfachen Individualnamens erkennbar) oder eine Freie, die ihr Kind aus dem Konkubinat mit einem Unfreien empfangen hatte (Individualname des Kindes, Gentiliz der Mutter). Hat das Kind einen Gentilnamen — diesen erhält es schon sehr früh (91) — und ist es als freigeboren erkenntlich, dann hat es einen gesetzlichen Vater, ist Glied dieser Familie und hat natürlich volles Erbrecht. Wer nimmt da an, daß die etruskischen Familienväter alle Kinder anerkannten und aufzogen, die ihre Frauen zur Welt brachten, und daß es sie nicht kümmerte, ob sie selbst auch Vater des Kindes waren? Daß Theopomp nicht einfach *spurii* oder *vernae* meint, die im Haus geboren waren, geht daraus hervor, daß er betont, sie hätten denselben Lebensstandard wie ihre Ernährer und Erzieher.

Ein anderer Punkt ist dieser: Jede Etruskerin hat ein Pränomen; mit PN und GN bezeichnet ist sie als Freigeborene erkenntlich. Welche Mühe hat es die Etrusker nach 90 v. Chr. gekostet, als nunmehrige römische Bürger sowohl das in der römischen Namensformel unmögliche weibliche Pränomen wie auch das Metronymikon abzulegen! Das GN wies sie als durch Zeugung von einem *bestimmten* Vater dessen Familie zugehörig aus; ihr PN aber zeigt die individuelle Stellung in der Familie. (Wie denn überhaupt bei den Etruskern ein Kind durch den individuellen Namen mehr als *Person* gewertet wird und nicht als eine Nummer in der Produktion wie ein römischer *Secundus, Tertius, Quartus, Quintus, Sextus* usw.) Die Etruskerin ist

nicht wie die Römerin ein kaum näher und individuell gekennzeich-
netes Familienglied. Der Behauptung Theopomps bezüglich einer Promiskuität der etruskischen Frauen — die er übrigens selber wieder in
Frage stellt, wenn er sagt, sie speisten nicht „mit ihren *eigenen* Männern" — widerspricht das *Gamonym,* der Gattenname, in der
Namensformel der verheirateten Frauen.

Die Wahrheit der Behauptung des Theopomp vorausgesetzt und
angesichts der evidenten Kinderfreudigkeit der Etrusker müßte ein
etruskisches Haus von Kindern nur so gewimmelt haben, ganz gleich,
ob sie nun von der Mutter oder den mannbaren Töchtern oder bevor-
zugten Dienerinnen des Hausherren oder der Herren Söhne stammten.
Wir wollen hier keineswegs frivol sein, sondern nur andeuten, was als
unausweichliche Konsequenz angenommen werden muß, wenn man
den Behauptungen Theopomps Glauben schenkt.

Aber nein, das epigraphische Material — und hier müssen wir einmal dafür dankbar sein, daß wir so viel Namenmaterial haben — zeigt
ein ganz anderes Bild der etruskischen Familie.

Und doch muß etwas an den Etruskern gewesen sein, daß man so
gern bereit war, alles mögliche von ihnen zu glauben. Wir müssen da
mit einem *psychologischen* Faktor rechnen. Dionys von Halikarnaß
hat diesen auf eine kurze Formel gebracht, als er feststellte, das etruskische Volk sei in bezug auf die anderen Bewohner Italiens nicht nur
in der Sprache, sondern *in der ganzen Mentalität* verschieden (oute
homóglōsson oute homodíaiton).

Es ist dem Altertum anscheinend nie gelungen, den Grund dieser
tiefgehenden Verschiedenheit aufzuspüren. Der Schluß auf die Autochthonie der Etrusker, den Dionys daraus zog, war kein zwingender,
da ceteris paribus dieselbe Charakteristik ebenso auf ein aus der Ferne
gekommenes Eroberervolk passen könnte. Den wahren Grund konnten weder die Griechen noch die Römer erkennen — bei diesen sehen
wir den griechischen Einfluß etwa in der Lukreziageschichte des Livius
(I 57) —, weil die einen alles vor ihrer historischen Vergangenheit
Liegende als mythologisches Griechentum verstanden, die anderen aber
ihre ganze vorgeschichtliche Vergangenheit von den Griechen herleite-
ten. Damit war der Weg zum Verständnis der *ägäischen* und *mediterranen* Vergangenheit verbaut, einer Vorzeit, die nicht indoeuropäisch
war. Damit war aber auch ein Verständnis für die Stellung der Frau
in den vorderasiatischen und mediterranen Kulturen unmöglich, da
die Frau bei den Indoeuropäern — in unserem Fall bei den Griechen

und Römern — eine ganz andere Stellung hatte, weit unter jener der
Frau in den vorindoeuropäischen Kulturen. Das ist auch leicht zu verstehen. Die Stellung der Frau in den altmediterranen Kulturen ist von der Rolle abhängig, die *das Weibliche
in den religiösen Anschauungen* und, dadurch bedingt, im Kult einnimmt. Daß in diesen Kulturen die überragende große Gottheit in der
Person und Gestalt der mütterlichen, nährenden „Großen Göttin"
verehrt wird, ist bekannt. Daß auch der Kern der etruskischen Religion
in diesen Kreis gehört, darf heute als sicher gelten. Es ergibt sich von
selbst, daß in Kulturen mit solchen Religionen, in denen das gebärende
und nährende Prinzip im Zentrum steht, ein Abglanz auf jede irdische
Frau fällt. Das hat natürlich seine soziologischen Konsequenzen. So
gesehen, kann die Frau nicht eine eingesperrte, rechtlose Sklavin, ein
Stück Realbesitz des in patriarchalischen Kulturen allein zählenden
Mannes sein. Hieraus ergibt sich zumindest eine volle Freiheit und
Gleichberechtigung. Heurgon (53, *121 f.*) hat sehr überzeugend nachgewiesen, daß sich eine bevorzugte Stellung in archaischer Zeit noch in
der Bestattung äußert, vor allem in Caere. Nicht, wie man bisher zu
sehen glaubte, eine Kline für den männlichen Toten, ein Sarkophag
für die Frau war die Regel, sondern die Frau — und nur sie — lag auf
einer in einen Sarkophag versenkten Kline. So sollte der weibliche
Leichnam augenscheinlich mehr als der des Mannes vor einer Profanierung geschützt und sein Totenlager mit einer größeren Unantastbar-
keit ausgezeichnet sein.

Es muß heute völlig klar sein, daß die Besonderheit der Etrusker
und das, was in eigenständiger Weise das Interesse an ihnen so recht-
fertigt, der Umstand ist, daß dieses Volk mit seiner Mentalität und
seiner Kultur wie ein Anachronismus in die Frühgeschichte der von den
Indoeuropäern heraufgeführten abendländischen Kultur hineinragt.
Dieses Volk war die letzte Blüte der großen vorgriechischen Kulturen,
die aber nicht ganz untergingen, sondern zusammen mit dem Indo-
europäertum jene große Kultur schufen, in der wir heute noch ver-
wurzelt sind. In ihrer so wenig indoeuropäischen Mentalität *mußten*
die Etrusker den Griechen und Römern als etwas Fremdes erscheinen;
war doch ihre Kultur weit mehr mit dem 2. Jahrtausend v. Chr. verbunden als mit der Zeit, in der sie lebten.

Etrurien war für die indoeuropäisierte Welt ein Fremdling und
blieb es im Grunde auch nach der Romanisierung. So kommt es, daß
man alles das, was Theopomp und Timaios an den Etruskern (und hier

ginge es dann um ihr Urteil über die Männer) auszusetzen hatten, auf den bekanntesten Etrusker, den großen Maecenas, anwenden könnte. Seine Zeitgenossen haben es zum Teil auch getan. Ich verweise hier nur auf die schöne Maecenas-Studie in dem Buch von J. Heurgon (53, *318 ff.*). Alles das, was seine Gegner und Neider so an ihm schockierte, war das „anders sein als die anderen". Gerade das, was er für Augustus — und damit für Rom — geleistet hat, sollte nicht leicht erlauben, alle die Invektiven seiner Feinde, seien es eingefleischte Republikaner, seien es stoische Nörgler (hier war besonders Seneca groß!), für bare Münze zu nehmen und in ihm den letzten, großen Vertreter der „etruskischen Dekadenz" zu sehen.

# XI. DIE ETRUSKER UND DIE EUROPÄISCHE KULTUR

Wie in Hinsicht auf eine Beschäftigung mit der Altertumswissenschaft im allgemeinen nicht selten die Frage nach dem „praktischen Nutzen" für die heutige Zeit gestellt wird, so geschieht dies im besonderen auch bezüglich der Etruskologie. Der Wert der Griechen- und Römerkunde wird noch eingesehen. Da ist die Epik und die griechische Philosophie, die bildende Kunst und das Drama; da ist das römische Recht und der römische Straßenbau, das Forum Romanum und das weltweite Imperium — alles Begriffe, die (vorläufig noch immer) zur Allgemeinbildung gehören.

Aber die Etrusker — sehen wir einmal vom touristischen Wert ihrer Nekropolen und der Museumsschätze ab, die sie geliefert haben —, haben die auch einen bleibenden Beitrag zu unserer Kultur geliefert? Wir möchten hier nur ein paar Fakten anführen, die uns erkennen lassen, daß auch wir in der Schuld der Etrusker stehen.

*Die Schrift.* Durch die Übernahme der Lautschrift, die in Phönizien erfunden worden war — sei es, daß dies über die Griechen von Kyme geschah, sei es etwas früher und irgendwo im östlichen Mittelmeerraum (für beide Möglichkeiten lassen sich gute Gründe anführen) — und durch deren Weitergabe an Rom, an die Umbrer und die Veneter und weiter zu den Alpenstämmen haben die Etrusker die Kunst des Schreibens und Lesens in Europa begründet (21.46.69; 43, *215 ff.*; 77, *204 ff.*; 92, *17 ff.*; 95 a; 126 a) und damit hier das Licht der Geschichtlichkeit heraufgeführt.

*Hochkultur.* Die Etrusker vermittelten mit ihren Polis-Gründungen die Elemente der vorderasiatisch-mediterranen Hochkultur — Stadt, organisierte Religion, Tempelbau, Gewerbe und Handel — nach Italien. Sie sind ebenso die ersten Vermittler der griechischen Kultur an das archaische Rom.

*Technik.* Mit ihren zivilisatorischen und damit kulturbedingenden Fertigkeiten — sei es die Metallurgie mit Bergbau (1) und formativen Techniken wie Guß, Thoreutik, Granulation (25), sei es Kulturtechnik mit Wasser- und Straßenbau (10.97) und Architektur (32.55.112) — leisteten die Etrusker einen gewichtigen Beitrag zur materiellen

Kultur Italiens und Roms, die für das ganze Imperium bestimmend wurde.

*Handel.* Bevor noch der römische Händler über die Alpen nach Norden zog, war ihm schon lange der etruskische Kaufmann vorausgegangen, über den Brenner, den St. Bernhard, durch das Rheintal, aber auch entlang der Mur und der Leitha. Seine Spuren führen nach Österreich, Deutschland und Frankreich, nach den Niederlanden und der Ostküste von England und nach dem südlichen Skandinavien (38.113). Hausrat und Werkzeuge, Schmuckstücke und Waffen sind die Waren, die nach dem Norden gehen. Ein „Leitfossil" des etruskischen Handels sind die Bronzeschnabelkannen (51).

Wann der etruskische Landhandel — dessen Anfänge noch im Dunkel liegen — den Seehandel abgelöst hat, ist ziemlich gut bekannt. Mit dem Niedergang der etruskischen Thalassokratie, der Seeherrschaft im zentralen und westlichen Mittelmeer neben den Karthagern, der mit der Niederlage vor Kyme 474 v. Chr. besiegelt ist, beginnt jedenfalls die intensive Umstellung auf den Landhandel. Dieser Handel brachte die Alpenländer in unmittelbare Beziehung zu den Kulturgütern Italiens (etruskische Silbermünzen finden sich bis Innsbruck und bis zum Murtal, im Westen bis zur Vaucluse in Frankreich), und weiterhin — unmittelbar oder mittelbar durch Zwischenhändler — die Gebiete nördlich der Alpen bis zu den Küsten der Nordsee und der Ostsee. In diesem Zusammenhang wird auch verständlich, daß wir im Norden den jüngsten Ableger der etruskischen Schrift finden, die Runen (44.45).

*Kunst.* Auch hier soll nur auf ein Faktum hingewiesen werden. Unter etruskischem Einfluß (noch mit Elementen des „orientalisierenden" Stils) entstand in der Poebene ein besonderer Typus von Eimern aus Bronzeblech, die sogenannten Situlen (93, *299 ff.*, *307 ff.*, *324*; 105), der sich, wie die Funde zeigen, auch nach Jugoslawien und Österreich verbreitete. Die typische Dekoration, die dem ganzen Verbreitungsgebiet eigen ist, erlaubt, hier von einem Beginn „europäischer" Kunst zu sprechen.

Diese wenigen Beispiele mögen genügen, um zu zeigen, daß die Etruskologie nicht nur als Heimatgeschichte für die Toskana und als ein Teil der Landesgeschichte Italiens Sinn und Wert hat, sondern daß ihr ein Platz gebührt auch in der europäischen Kulturgeschichte. Das nicht unbedeutende Glied „Etrurien" in der Kette Vorderer Orient — Griechenland — Rom — Germanentum, welche den Entwicklungsweg unserer Kultur bezeichnet, ist bislang fast völlig übersehen oder übergangen worden. Dabei lag es doch nahe, gelegentlich auch an die ältesten Lehrmeister Roms zu denken. Vielleicht wird eine Weltkultur, die nicht mehr ausschließlich auf orientalischem und indoeuropäischem Kulturerbe beruht, auch Zugang zu der in manchem erstaunlich „modern" anmutenden etruskischen Kultur finden.

# ANHANG

# SCHRIFTTAFEL

| Modell von Marsiliana | Archaisch (7.-5. Jh.) | Übergang (5.-4. Jh.) | Rezent (4.-1. Jh.) | Transkription |
|---|---|---|---|---|
| A | A | | A | a |
| 8 | | | | (b) |
| ⅂ | Ɔ | | ⟩ | c = k |
| ◁ | | | | (d) |
| ∃ | ∃ | | ∃ | e |
| ⅂ | ⅂ | | ⅂ | v |
| I | I | | ‡, ⴹ | z |
| ⊟ | ⊟ | | ⊟, ⊘ | h |
| ⊗ | ⊗, ⊙ | | ⊙, ○ | ϑ = th |
| I | I | | I | i |
| ⋊ | ⋊ | | (⋊) | k |
| ⅃ | ⅃ | | ⅃ | l |
| ⋎ | ⋎ | Ш | Ш | m |
| ५ | ५ | И | И | n |
| ⊞ | ( ⊞ ) | | | ś |
| ○ | | | | (o) |
| ∩ | ∩ | | ∩ | p |
| M | M (ᶾ) | | M | ś (š) |
| Ọ | Ọ | | | q |
| ◁ | ◁ | ◁ | ◁ | r |
| ⟨ | ⟨ (ᶾ) | | ⟨ | s (š) |
| T | T | V | ✝, ⋎ | t |
| Y | Y | | | u |
| X | X | | | ś |
| Φ | Φ | | ⦶ | φ • ph |
| Ψ | Ψ | Ψ | Ψ | χ = kh |
| | ( 𝟁, 8 ) | 8 | 8 | f |

Die Inschriften von Caere haben meist nach links aufsteigende Querhasten: Λ, I, B, T

# ORTSNAMEN IN ETRUSKISCHER, LATEINISCHER UND MODERNER FORM

(Die mit * bezeichneten etruskischen Namen sind aus Ethnika erschlossen)

| | | |
|---|---|---|
| ? | Arretium | Arezzo |
| ? | Blera | Bieda |
| * caletra | (Caletranus ager) | Marsiliana d'Albegna? |
| * capeva | Capua | Capua |
| ceisna? | Caesena | Cesena |
| χaisr(i)e | Cisra, Caere | Cerveteri |
| clevsin- | Clusium | Chiusi |
| curtun- | Cortona | Cortona |
| * cusa | Cosa | (Orbetello) |
| felsina | Bononia | Bologna |
| ? | Ferentium | Fèrento |
| ? | Florentia | Firenze |
| * hepa | Heba | Magliano in Toscana |
| ? | Horta | Orte |
| *manθva | Mantua | Mantova |
| misa? | ? | Marzabotto/Pian Misano |
| mutina? | Mutina | Modena |
| ? | Nepet | Nepi |
| * nuvla- | Nola | Nola |
| per(u)sna, Φersna? | Perusia | Perugia |
| pupluna, fufluna | Populonia | Populonia |
| ? | Pyrgi | S. Severa |
| rav(e)na? | Ravenna | Ravenna |
| ? | Rusellae | Roselle |
| saena? | Saena | Siena |
| ? | Spina | (Comacchio) |
| * statna | Statonia | Poggio Buco? |
| sur(i)na | Surrina | Viterbo? |
| suθri | Sutrium | Sutri |
| * sveama- | Suana | Sovana |

| | | |
|---|---|---|
| tarχnal- | Tarquinii | Tarquinia (früher: Corneto) |
| tlamu | Telamon | Talamone |
| tusc(a)na? | Tuscana | Tuscania (früher: Toscanella) |
| ? | Urbs Vetus | Orvieto |
| *urina | Aurinia, Saturnia | (Saturnia) |
| vatluna, | | |
| vetluna | Vetulonia | Vetulonia |
| *veia- | Veii | Veio |
| velaϑri | Volaterrae | Volterra |
| velc(a)l- | Vulci | Vulci |
| velznal- | Volsinii | Bolsena |
| vi(p)sul- | Faesulae | Fiesole |
| ? | Visentium | Bisenzio |

# LITERATURVERZEICHNIS

## Quellen

CIE       = Corpus Inscriptionum Etruscarum. Leipzig, seit 1893 (noch nicht abgeschlossen).

CIEW      = Corpus Inscriptionum Etruscarum Wisconsiniense = Fowler, M. — Wolf, R. G., Materials for the Study of the Etruscan Language. The University of Wisconsin Press 1965, 2 Bde.

Mengarelli, R.,    Iscrizioni etrusche ... trovate negli scavi della città e della necropoli di Caere. Notizie degli Scavi 1937, Fasz. 10, 11, 12. Rom 1938.

NR        = Buffa, M., Nuova raccolta di iscrizioni etrusche. Florenz 1938.

TLE      = Pallottino, M., Testimonia linguae Etruscae[2]. Florenz 1968.

RivEp     = Rivista epigrafica in den Jahresbänden der Studi Etruschi (SE).

## Allgemeine Bibliographie

Banti, L., Die Welt der Etrusker. Stuttgart 1960 [siehe *15*].

Bianchi Bandinelli, R., Arte Etrusca. In: Enciclopedia dell 'Arte Antica III, 1960.

Bloch, R., L'art et la civilisation étrusques. Paris 1955.

Deecke, W., Etruskische Forschungen I (1875), II (1876), III (1879), IV (1880).

Deecke, W. — C. Pauli, Etruskische Forschungen und Studien I (1881), II (1882), III (1882), IV (1883), V (1883), VI (1884).

Dennis, G., Cities and Cemeteries of Etruria[3], 2 Bde., London 1883, Nachdr. London—New York 1907.

Dohrn, T., Grundzüge etruskischer Kunst. Baden-Baden 1958.

Ducati, P., Etruria antica[2], 2 Bde., Turin 1927.

—, Storia dell'arte etrusca, 2 Bde., Florenz 1927.

Giglioli, G. Q., L'arte etrusca. Mailand 1935.

Müller, K. O. — W. Deecke, Die Etrusker. 2 Bde., Stuttgart 1877; Nachdr. Graz 1965.

Nogara, B., Gli Etruschi e la loro civiltà. Mailand 1933.

Pallotino, M., Gli etruschi². Rom 1940.

Pfister, R., Die Etrusker. München 1940.

Randall MacIver, D., The Etruscans. Oxford 1927.

Renard, M., Initiation à l'étruscologie. Brüssel 1941.

Richardson, E., The Etruscans. Their Art and Civilisation. The University of Chicago Press. Chicago—London 1964.

Solari, A., Topografia storica dell'Etruria I—IV. Pisa 1915—1920.

Studi Etruschi, jährl. herausgegeben vom Istituto di Studi Etruschi ed Italici. Florenz, seit 1927 (zitiert SE).

Torp, A., Etruskische Beiträge I. Leipzig 1902; II, 1903.

—, Etruscan Notes. Christiania 1905.

Tyrrhenica, Saggi di studi etruschi. Ist. Lomb., Acc. di Scienze et Lettere. Mailand 1957.

Vacano, O. W. v., Die Etrusker — Werden und geistige Welt. Stuttgart 1955.

—, Die Etrusker in der Welt der Antike. Rowohlts deutsche Enzyklopädie 54. Hamburg 1957.

Weege, Fr., Etruskische Malerei. Halle 1921.

### Besondere Bibliographie

1 d'Achiardi, G., L'industria mineraria e metallurgica in Toscana al tempo degli Etruschi. SE 1, 1927, 411 ff.

2 —, L'industria metallurgica a Populonia. SE 3, 1929, 397 ff.

3 Alfieri, N., P. E. Arias und M. Hirmer, Spina. München 1958.

4 Alföldi, A., Die Etrusker in Latium und Rom. Gymnasium 70, 1963, 385 ff.

5 —, Early Rome and the Latins. Ann Arbor 1964.

6 Altheim, Fr., Der Ursprung der Etrusker. Baden-Baden 1950.

7 Andrén, A., Origine e formazione dell'architettura templare etruscoitalica. Rend. Pont. Acc. Arch. 32, 1960, 21 ff.

8 Arias, P. E., Considerazioni sulla città etrusca a Pian Misano (Marzabotto). Atti e Mem. Dep. Storia Patria Prov. di Romagna 3, 1953.

9 Arte e Civiltà degli Etruschi. Kat. d. Ausst. Turin, Juni/Juli 1967.

10 Ashby, T., La rete stradale romana nell'Etruria meridionale in relazione a quella del periodo etrusco. SE 3, 1929, 171 ff. (= Das röm. Straßennetz in Südetrurien in seiner Beziehung zu dem der etruskischen Periode. Klio 25, 1932, 114 ff.

11 Bachofen, J. J., Das Mutterrecht. Ges. Werke (hrsg. v. K. Meuli) Bd. 2/3 (1948).

12 —, Die Sage von Tanaquil. Ges. Werke (hrsg. v. K. Meuli) Bd. 6 (1951).

13 Badian, E., Foreign Clientelae. Oxford 1958.

14 Baffioni, G., Sappinates o Capenates. SE 35, 1967, 127 ff.

15 Banti, L., Il mondo degli Etruschi. Rom 1969.

*16* Bernardi, A., Cives sine suffragio. Athenaeum 16, 1938, 239 ff.

*16a* Bizzarri, M., Trovato in Orvieto il *teichos* di Zonara? In: Studi sulla città antica. Atti del Convegno di Studi sulla città etrusca e italica preromana 1966. Bologna 1970, 153 ff.

*17* Bloch, R., Volsinies étrusques. Mél. École Franç. Rome 59, 1947, 9 ff.; 62, 1950, 53 ff.

*18* —, L'art étrusque et son arrière plan historique. Historia 6, 1957, 53 ff.

*19* —, Le départ des Étrusques de Rome selon l'annalistique et la dédicace du temple de Jupiter Capitolin. Revue de l'histoire des Relig. 149, 1961, 141 ff.

*19a* Boëthius, A., Gli scavi a S. Giovenale e Luni 1956—1966. In: Studi sulla città antica. Atti del Convegno di Studi sulla città etrusca e italica preromana 1966. Bologna 1970, 161 ff.

*20* Bormann, E., Der Städtebund Etruriens. Arch.-ep. Mitt. aus Öst.-Ung. 1887, 103 ff.

*21* Buonamici, G., Epigrafia etrusca. Florenz 1932.

*22* Cambi, L., Ricerche chimico-metallurgiche su leghe cupriche di oggetti ornamentali preistorici dell'Italia centrale e settentrionale. SE 27, 1959, 191 ff.

*23* Canavesi, M., La politica estera di Roma antica. Mailand 1942.

*24* Caputo, G., La Montagnola di Quinto Fiorentino. L'„orientalizzante" e le tholoi dell'Arno. Boll. d'Arte N. II—III, April—Sept. 1962, 115 ff.

*25* Chlebecek, Fr., Beitrag zur Technik der Granulation. SE 22, 1952/53, 203 ff.

*26* Clemen, C., Die Religion der Etrusker. Bonn 1936.

*27* Cortsen, S. P., Vocabulorum Etruscorum interpretatio. Nord. Tidsskrift f. filol., Fjerderaeke 6, 1917, 165 ff.

*28* —, Zur etruskischen Sprachkunde. Symb. Danielsson (1932) 43 ff.

*29* Cultrera, G., Tarquinia. Scoperte nella necropoli. NScavi 1931, 113 ff.

*30* De Francisci, P., Primordia civitatis. Rom 1959.

*31* Devoto, G., Nomi di divinità etrusche IV: Aisera. SE 32, 1964, 131 ff.

*32* Durm, J., Die Baukunst der Etrusker. Handb. d. Architektur II, 2. Stuttgart 1905.

*33* Enking, R., Culsu und Vanth. Röm. Mitt. 56, 1943, 48 ff.

*34* —, Minerva Mater. Arch. Jahrb. 59/60, 1944/45\(1949), 111 ff.

*35* Fiesel, E., Etruskisch. Berlin 1931.

*36* Frankfort, Th., Les classes serviles en Étrurie. Latomus 18, 1959, 3 ff.

*37* Gasperini, L., Monterano, un centro minore dell'Etruria meridionale. Études étrusco-ital., Löwen 1963, 19 ff.

*38* Genthe, H., Ueber den etruskischen Tauschhandel nach dem Norden. Frankfurt/M. 1874

*38a* Giglioli, G. Q., La religione degli Etruschi. In: Storia delle religioni 4, hrsg. v. P. Tacchi Venturi (1949), I, 635 ff.

39 Goldmann, E., Beiträge zur Lehre vom indogermanischen Charakter der etruskischen Sprache I/II, Heidelberg 1929/30.

40 —, Neue Beiträge zur Lehre . . . Wien 1936.

41 Grenier, A., L'Alphabet de Marsiliana et les origines de l'écriture à Rome. Mélanges École Franç. Rome 41, 1924.

42 —, Les religions étrusque et romaine. Coll. Mana, Presses Universitaires de France. Paris 1948.

43 Guarducci, M., Epigrafia greca I. Rom 1967.

44 Haas, O., Die Entstehung der Runenschrift. Lingua Posnan. 5, 1955, 41 ff.

45 —, Die Herkunft der Runenschrift. Orbis 14, 1965, 216 ff.

46 Hammarström, M., Beiträge zur Geschichte des etruskischen, lateinischen und griechischen Alphabets. Acta Soc. Scient. Fenn. 49, nr. 2.

46a Hanfmann, Georg, Altetruskische Plastik I. Die menschliche Gestalt in der Rundplastik bis zum Ausgang der orientalisierenden Kunst. Würzburg 1936.

47 Hawkes, C. F. C., The problem of the origins of the archaic culture in Etruria and its main difficulties. SE 27, 1959, 363 ff.

48 Heilmann, L., Alternanza consonantica e 'Lautverschiebung' etrusca. Arch. Glott. Ital. 37, 1952.

49 Herbig, G., Religion und Kultus der Etrusker. Mitt. Schles. Ges. f. Volksk. 23, 1 ff., Breslau 1922.

50 Herbig, R., Götter und Dämonen der Etrusker. Heidelberg 1948; neu hrsg. u. bearb. v. E. Simon, Mainz 1965.

51 —, Zur Religion und Religiosität der Etrusker. Historia 6, 1957, 123 ff.

52 Heurgon, J., La vie quotidienne chez les Étrusques. Paris 1961.

53 —, Les pénestes étrusquez chez Denys d'Halicarnasse (IX, 5, 4). Latomus 18, 1959, 713 ff.

54 Jakobsthal, P. und A. Langsdorf, Die Bronzeschnabelkanne. Ein Beitrag zur Geschichte des vorrömischen Imports nördlich der Alpen. Berlin 1929.

55 Karo, G., Altetruskische Baukunst. Die Antike 1, 1925, 213 ff.

56 Krall, J., Die etruskische Mumienbinde des Agramer Nationalmuseums. Denkschr. ÖAdW, phil.-hist. Kl. 43, 3, Wien 1892.

57 Kunst und Kultur der Etrusker. Unter Berücksichtigung der neuesten Funde. Kat. Ausst. Wien, Mai/Sept. 1966.

58 Lambrechts, R., Les inscriptions avec le mot 'tular' et le bornage étrusques. (Bibl. di 'Studi Etruschi' 4) Florenz 1970.

59 L'età del Ferro nella Etruria Marittima. Kat. Ausst. Grosseto, Sommer 1965.

60 Laviosa, C., Roselle. SE 27, 1959, 1 ff.; 28, 1960, 289 ff.; 29, 1961, 31 ff.; 31, 1963, 39 ff.

61 Leben und Kunst der Etrusker. Kat. Ausst. Köln, 1955.

62 Lerici, C. M., Prospezioni archeologiche a Tarquinia. La necropoli delle tombe dipinte. Mailand 1959.

63 Lerici, C. M., Alla scoperta delle civiltà sepolte. I nuovi metodi di pro-
spezione archeologica. Mailand 1960.

63a Lehmann-Haupt, C. F., Armenien einst und jetzt, II/2 (1931).

64 Liou, B., Praetores Etruriae XV populorum. Coll. Latomus 106, 1969.

65 Mazzarino, S., Sociologia del mondo etrusco e problemi della tarda etrus-
cità. Historia 6, 1957, 98 ff.

66 Minto, A., L'antica industria mineraria in Etruria ed il porto di Populonia. SE 23, 1954, 291 ff.

67 Muster, W., Der Schamanismus bei den Etruskern. In: W. Brandenstein,
Frühgeschichte und Sprachwissenschaft, Wien 1948, 60 ff.

68 Naumann, R. und F. Hiller, Rusellae. Röm. Mitt. 66, 1959, 1 ff.

69 Neppi Modona, A., Il nuovo monumento epigrafico protoetrusco del
Museo Metropolitano di New York e la questione della provenienza
dell'alfabeto in Etruria. Rend. Acc. Lincei, cl. science mor., ser. VI, vol.
II, Rom 1926, 492 ff.

70 Olzscha, K., Interpretation der Agramer Mumienbinde. Leipzig 1939.

71 —, Schrift und Sprache der Etrusker. Historia 6, 1957, 34 ff.

72 Pallottino, M., Uno specchio di Tuscania e la leggenda etrusca di Tarchon.
Rend. Acc. Lincei, cl. scienze mor., ser. VI, vol. VI, Rom 1930, 49 ff.

73 —, Tarquinia. Mont. Ant. 36, 1931.

74 —, Questioni ermeneutiche del testo di Zagabria. SE 6, 1932, 273 ff.

75 —, Il contenuto del testo della mummia di Zagabria. SE 11, 1937, 203 ff.

76 —, Elementi di lingua etrusca. Florenz 1936.

77 —, Die Etrusker. Fischer Büch. 604. Frankfurt/M. 1965.

78 —, Etruscologia[6]. Mailand 1968.

79 Pfiffig, A. J., Untersuchungen zum Cippus Perusinus (CIP). SE 29, 1961,
111 ff.

80 —, Osservazioni su nomi veneti nelle iscrizioni etrusche di Spina. SE
29, 1961, 327 ff.

81 —, Studien zu den Agramer Mumienbinden. Der etruskische Liber linteus.
Denkschr. ÖAdW, phil.-hist. Kl. Bd. 81, Wien 1963.

82 —, Religio Iguvina. Philologische und religionsgeschichtliche Studien zu
den Bronzetafeln von Gubbio. Denkschr. ÖAdW, phil.-hist. Kl. Bd. 84,
Wien 1964.

83 —, Zur Sittengeschichte der Etrusker. Gymnasium 71, 1964, 17 ff.

84 —, Uni-Hera-Astarte. Studien zu den Goldblechen von S. Severa/ Pyrgi
mit etruskischer und punischer Inschrift. Denkschr. ÖAdW, phil.-hist.
Kl. Bd. 88/2, Wien 1965.

85 —, Die Ausbreitung des römischen Städtewesens in Etrurien und die
Frage der Unterwerfung der Etrusker. (Bibl. di 'Studi Etruschi' 2),
Florenz 1966.

86 —, Hannibal in einer etruskischen Inschrift in Tarquinia. Anz. phil.-
hist. Kl. ÖAdW, 1967, So. 3 (vgl. SE 35, 1967, 659 ff.).

87 Pfiffig, A. J., Die Haltung Etruriens im 2. Punischen Krieg. Historia 15, 1966, 193 ff.

88 —, Das Verhalten Etruriens im Samnitenkrieg und nachher bis zum 1. Punischen Krieg. Historia 17, 1968, 307 ff.

89 —, Ein Opfergelübde an die etruskische Minerva. Studien und Materialien zur Interpretation des Bleistreifens von S. Marinella. Denkschr. ÖAdW, phil.-hist. Kl. Bd. 99, Wien 1968.

90 —, Zu den Bündnisverträgen zwischen Rom und den etruskischen Stadtstaaten. Gymnasium 75, 1968, 110 ff.

91 —, Zur Namengebung bei den Etruskern. Beitr. z. Namenforschg. N. F. 4, 1969, 143 ff.

92 —, Die etruskische Sprache. Versuch einer Gesamtdarstellung. Graz 1969.

93 Pittioni, R., Italien — Urgeschichtliche Kulturen. Stuttgart 1962 (= RE Suppl. IX, 108—371).

94 Puglisi, S., La civiltà appeninica. Florenz 1959.

95 Radke, G., Die Götter Altitaliens. Münster 1965.

95a —, Die italischen Alphabete. Stud. Generale 20, 1967, 401 ff.

96 Rix, H., Das etruskische Cognomen. Untersuchungen zu System, Morphologie und Verwendung der Personennamen auf den jüngeren Inschriften Nordetruriens. Wiesbaden 1965.

97 Rodenwaldt, E. und H. Lehmann, Die antiken Emissare von Cosa-Ansedonia. Ein Beitrag zur Frage der Entwässerung der Maremmen in etruskischer Zeit. Sitzb. AdW Heidelb., math.-nat. Kl., Jahrg. 1962, 1. Abh., Heidelberg 1962.

98 Runes, M. und S. P. Cortsen, Der etruskische Text der Agramer Mumienbinde. Göttingen 1935.

99 de Saussure, Fr., Cours de linguistique générale⁵. Paris 1962.

100 Schachermeyr, Fr., Etruskische Frühgeschichte. Berlin 1929.

101 —, Die ältesten Kulturen Griechenlands. Stuttgart 1955.

101a Schmiedt, G., Contributo della fotografia aerea alla riconstruzione dell' urbanistica della città italica ed etrusca preromana. In: Studi sulla città antica. Atti del Convegno di Studi sulla città etrusca e italica preromana 1966. Bologna 1970, 91 ff.

102 Schulze, W., Zur Geschichte lat. Eigennamen. Berlin 1904; Neudr. 1933.

103 Sherwin-White, A., The Roman Citizenship. Oxford 1939.

104 de Simone, C., Die griechischen Entlehnungen im Etruskischen II, Wiesbaden 1970.

105 Situlenkunst zwischen Po und Donau. Kat. Ausst. Wien, 1962.

106 Skutsch, F., La lingua etrusca. Übers. v. G. Pontrandolfi, Florenz 1909.

107 Slotty, Fr., Zur Frage des Mutterrechts bei den Etruskern. Symb. Hrozny V, 262 ff. (= Arch. Orient. 18, 1951).

108 —, Beiträge zur Etruskologie, I: Silbenpunktierung und Silbenbildung im Altetruskischen. Heidelberg 1952.

*109* Sordi, M., I rapporti romano-ceriti e l'origine della *civitas sine suffragio*. Rom 1960.

*110* Stiglitz, R., Herakles auf dem Amphorenfloß. ÖJh 44, 1959, 112 ff.

*111* Stjernquist, B., Ornementation metallique sur vases d'argile. Meddelanden fran Lunds Universitets Historiska Museum, Lund 1958.

*112* Studniczka, Fr., Das Wesen des tuskanischen Tempelbaus. Die Antike 4, 1928, 177 ff.

*113* Szilágyi, J. G., Zur Frage des etruskischen Handels nach Norden. Acta Ant. Hung. I, 1953, 419 ff.

*114* Thulin, C. O., Die etruskische Disziplin. Göteborgs Högskolas Arsskrift, Göteborg. I Die Blitzlehre. Bd. 11, 1905; II Die Haruspizin, Bd. 12, 1906; III die Ritualbücher. Zur Geschichte der Haruspizin. Bd. 15, 1909. Nachdr. Darmstadt 1968.

*115* —, Die Götter des Martianus Capella und die Bronzeleber von Piacenza, RVV III, 1. Gießen 1906.

*116* Trombetti, A., Sulla parentela della lingua etrusca. Mem. R. Acc. scienze di Bologna, cl. sc. mor. 1909, 167 ff.

*117* —, La lingua etrusca. Florenz 1928.

*118* Vacano, O. W. v., Die Etrusker — Werden und geistige Welt. Stuttgart 1955.

*119* van Essen, C. C., Did Orphic Influences in Etruscan Tomb Painting Exist? Studies in Etruscan Tomb Painting I. Amsterdam 1927.

*120* Vetter, E., Literaturbericht 'Etruskisch'. Glotta 17, 1929, 291 ff.; 18, 1930, 291 ff.; 28, 1939, 117 ff., 145 ff.; 34, 1954, 47 ff.; 35, 1950, 270 ff.

*121* —, Etruskisch *ikam* und das Verhältnis der etruskischen zu den indogermanischen Sprachen. Festschr. P. Kretschmer 1926, 279 ff.

*122* —, Zur altetruskischen Silbenpunktierung. Glotta 24, 1936, 114 ff.; 27, 1939, 158 ff.

*123* —, Etruskische Wortdeutungen I: Die Agramer Mumienbinde (Wien 1937).

*124* —, Due parole etrusche: *penϑna, ceχa*. Rend. R. Ist. Lomb. die scienze e lett. 70, 1937, 106 ff.

*125* —, Zur Lesung der Agramer Mumienbinde. Anz. ÖAdW, phil.-hist. Kl. nr. 19, 1955, 252 ff.

*126* —, Zur Kriegerstele von Vetulonia. SE 24, 1955, 301 ff.

*126a* Weidmüller, W., Der Buchstabe M. Formenwandel und Verbreitung. Börsenbl. f. d. Deutschen Buchh. (Frankfurt), Nr. 89 v. 8. 11. 1960.

*127* Weinstock, St., Martianus Capella and the Cosmic System of the Etruscans. JRS 36, 1946, 101 ff.

*128* —, C. Fonteius Capito and the Libri Tagetici. Papers Brit. School of Rome 18, 1950, 44 ff.

*129* —, Libri Fulgurales. Papers Brit. School of Rome 19, 1951, 122 ff.